そこでしかできない建築を考える｜ダイアローグ

Thinking of an Architecture for Nowhere but Here: Dialogue

はじめに

十年前、パリのポンピドゥー・センター裏にある小さな建築ギャラリーに誘われて個展を開いた時、カタログ代わりに『assemblage―集積の方法―』と表題した小冊子を出版しました。名古屋大学野依記念館の仕事が一段落したタイミングでもあったため、それまで考えていた建築の現れ方、モノとして現れる建築は、単にそこに施されたディテールの集積だけではなく、そのプロセスで捨てられた大量の断片によって秩序づけられている、という意味を込めて『assemblage』というタイトルをつけました。内容も、ディテールを中心にオムニバス形式に七つの断章によって構成し、また、一つの区切りと考え、その時までに手掛けたプロジェクト、設計競技案を含めてすべてをリストアップしインデックスにしています。

二〇一二年三月に横浜国立大学大学院／建築都市スクール〝Y-GSA〟を退任する時、最終講義のタイトルを「そこでしかできない建築を考える」としました。在職した五年間を俯瞰した時、真っ先に浮かんだ言葉です。二〇〇七年のY-GSA立ち上げに際し、スタジオのテーマを「街に出て建築を考える」と決め、横浜というフィールドの中に、キャラの立った地域を選定して半期の授業を進めることを考えました。その一帯をサーベイして特性を抽出し、そこから得た情報をヒントに学生各自が推論を投影し、仮説を組み立て、自分なりに構築した提案を発表します。私たちが通常の仕事で行うプロセスを、そっくりそのまま反映させた課題です。しかも、最終は学内ではなく、その地域に出向いて、住民を含む関係者に直接プレゼンテーションすることを義務づけました。五年間十課題、それなりに様々な地域、人々に関わり、学生たちのみならず、私自身もインスパイアされることが多くありました。

最終講義では、その五年間のプロセスを時系列にまとめ、そこに、実際に手掛けたプロジェクトと特筆すべき社会事象を並列し年表に表現してみました。五年間で二つの大きな出来事が起きています。一つはバブル崩壊にも匹敵する経済現象であった二〇〇八年のリーマンショック、もう一つは二〇一一年三月十一日に発生した東日本大震災です。リーマンショックの影響は直接なかったのですが、東日本大震災には、私たちが設計した福島県いわき市の舞子浜病院が津波に直撃されたこともあって、大きなショックを受けました。松林を隔て豊かな海岸に向き合う敷地に二百床の精神科病棟の設計を始めた時、美しい風景を魅力的な与件として組み込むことは考えても、正直、津波の「つ」の字も頭に浮かばなかった。ほんの少し過去に遡れば、災害の記録をはじめ多くの歴史的事実を見つけることができたはずなのに、調査すらしなかったことが、何よりも過失に近い禍根と覚えたのです。敷地のポテンシャルを、いいことも悪いことも網羅すべきができなかった、というより、しなかったことに対する悔恨とも言えます。その場所の特異性を徹底してあぶり出すこと、その結果を与件として反映させ、そこでしかできない建築を考え抜いて生み出さなくてはならない、東日本大震災の最も大きな教訓は正しくそこにあるのではないか？　それが、五年間の集大成として、最終講義のタイトルにつけた理由です。

その大震災で締め切りが延びた、沖縄県の「看護研修センター」の設計競技に応募し、最優秀案に選定されました。沖縄の風土、気候、歴史、生活等を研究した成果を反映させた提案が評価されたことが率直にうれしかった。その後の「京都府立新総合資料館」の設計競技でも、京都を分析し再構成した提案でやはり最優秀に選定されました。まさしく京都という特異性を拡大して建築に組み立てることを意図しています。さらに、龍谷大学のキャンパス計画に伴う設計競技で、やはり歴史的成果を継承しつつ新しい時代を創る、という主旨で新たな整備計画を任されました。いずれも、そこでしかできない建築を求めた結果です。しかしながら、すべての挑戦でうまくいくわけではありません。今まで何度となく、これしかないと思って提案したものがかすりもしない結果に終わっています。ただ、落選案も含めて、建築を考え続けるプロセスにおいて、大震災以降、心構えが変わった、特に場所に対する意識がぐんと強くなったことは確かです。

沖縄のプロジェクトが今年一月に完了して、新たな決意で臨んだ提案が実現したこともあり、「そこでしかできない建築を考える」を視点に再び「本」をつくりたいと考えました。やはり、大震災のもう一つの教訓、自分自身をより社会につなげるため、事務所にライブラリーカフェを設え、街に開くことを二〇一二年から試みています。そこでは時折コンサート、ワークショップ、映画、講義などを催していますが、出版そのものをそれらの活動とシンクロさせたいという意図もあります。

当初その試金石、全くの私家版として一人でつくることも考えましたが、より客観的視点をもつべきとも思い直し、フリックスタジオに協力を依頼しました。様々に議論を進める中で、いくつかの角度から多面的に全体像を捉えることとし、結果として四分冊の構成になりました。

一、ダイアローグ（インタビュー集）
二、タイムライン（作品年表）
三、プロジェクツ（写真集）
四、プレゼンテーション（設計競技提案事例集）

一は、フリックスタジオ、磯達雄氏と一緒に、実現した建築を訪ね、そこで受けたインタビュー、というより会話の記録。二は、前作『assemblage』の全作品のインデックスを進化させ、二〇一四年までの仕事を年表にまとめたコンプリート作品目録。以前できなかった短い解説文を日本語と英語のバイリンガルで併記しています。三は、二の年表から、「そこでしかできない建築を考える」という主題に倣って選んだ建築の写真集。各作品に、磯達雄氏が書いたコメントがつけられています。四は、今まで参加した膨大な設計競技の中から、やはり、今回の主題に強く共振する提案を、結果に関係なく提出時のまま縮小版として編集したもの。

これまで考えてきた「建築」を伝えることができれば幸いに思います。

飯田善彦

Kyoto. My proposal was intended to incorporate and amplify the unique characteristics of Kyoto. Furthermore my proposal for Ryukoku University campus planning was also successful using the same methodology. In those competitions the outcome was the result of seeking an architecture that can only be achieved there. However I have not been successful in every competition. In the past I have submitted a number of entries, sometimes very confidently, but I was not even mentioned.

The project in Okinawa was completed in March this year. Realizing this project with a new kind of determination motived me to make a book with a view of 'Thinking of an Architecture for Nowhere but Here.' In another lesson from the Great East Japan Earthquake, in 2012, I opened a library-café in my office to have a better connection with society and to be more open toward the city. I have held concerts, workshops, lectures and showed movies from time to time, I also intend to synchronize these activities with this publication.

Initially I was planning to print this book as a manuscript, however I requested Flick Studio to cooperate with me after I reconsidered and decided to have a more objective point of view. As a result of the discussions the book expanded to have four volumes in order to cover the full body of work from different angles.

The four volumes are:
1. Dialogue (Interview)
2. Timeline (Projects in Chronological Order)
3. Projects (Photographs of Selected Works)
4. Presentation (Selected Competition Entries)

1. The interview by Mr. Tatsuo Iso from Flick Studio, is rather more a record of conversations we had while visiting my projects.

2. The Timeline is an evolution of the 'assemblage' publication, this is an index, in chronological order, of all the projects I have participated in up to 2014. It includes brief descriptions in both Japanese and English which I could not do in the previous publication.

3. A photographic book of selected works chosen under the theme 'Thinking of an Architecture for Nowhere but Here.' It includes comments from Mr. Iso.

4. A selection of competition entries, taken from an enormous number of submissions and regardless of the result, which resonate with the theme.

It is my pleasure if I can convey the 'architecture' I have in my mind.

Yoshihiko Iida

Foreword

I was invited to exhibit my works by a small architecture gallery behind the Centre Pompidou in Paris ten years ago and for this exhibition I produced a publication, a booklet called 'assemblage – a collection method – ' instead of the usual catalogue. The projects of the Noyori Conference Hall and Materials Science Laboratory for Nagoya University were just finishing at that time, and the word 'assemblage' in the title implies that architecture which appears as an object is not just a collection of details that saturate the buildings but is also shaped by a great number of fragments abandoned during the process. The booklet was composed of seven fragments with a focus on details and it also listed all of my projects including the competitions to that time, considered as a stanza, and used as an index.

When I retired from the Yokohama Graduate School of Architecture, Y-GSA, I decided the title of the last lecture, 'Thinking of an Architecture for Nowhere but Here.' This is the first phrase that came to my mind when I reviewed my five years in Y-GSA. When Y-GSA was established in 2007, I started my studio with the theme of 'Go out in the city and think about architecture.' Students chose areas with unique characteristics in Yokohama and started a half semester program. They surveyed the areas, extracted characteristics, then formed hypothesis and gave a presentation. This theme is the exact process architects follow in our professional work, and I made it obligatory to give a presentation to affected members of the public including residences in those areas. We worked with different areas and different people through the ten assignments carried out over the five years and I was greatly inspired.

In the last lecture I put three items in chronological order, my assignments over the five years, the projects I worked on, and major social events. There were two major events that occurred in those five years. The first was the Lehman Brothers collapse which was almost equal to the Japanese Bubble Economy bursting. The other is the Great East Japan Earthquake on the 11th of March in 2011. I did not bear any direct impact from the Lehman Brothers Collapse, however I was greatly shocked by the damage from this earthquake, because the Maikohama Hospital we designed at Iwaki City in Fukushima was directly hit by the Tsunami that followed the quake. When I designed the 200 bed annex for the department of psychiatry at that beautiful site along the rich beach with a pine forest in between, I only thought to take that beautiful scenery as an attractive condition but to be honest, the idea of a tsunami did not come to my mind at all. With some investigation I could have found historical records of disasters in the past but I did not even think about it. I felt this was at the root of the disaster, almost a kind of negligence. I should have addressed both the good and bad potential of the site but I couldn't, or rather I should say I didn't. The most important lesson learned from this earthquake might be to clarify the characteristics of the site thoroughly, and generate architecture for nowhere but there, after thinking it through very carefully. This is the reason I chose the title, 'Thinking of an Architecture for Nowhere but Here', for the last lecture as a grand sum of five years.

I won the competition for the 'Okinawa Nursing Training Center' and the deadline was postponed because of this earthquake. My proposal drew upon the research of Okinawan culture, climate, history, daily life and so forth, and I was genuinely delighted that it was so highly regarded. I also won the competition for 'Kyoto Prefecture Library and Archives' by analyzing and re-working aspects of

Contents

Refer to other books in this series.

目次

印は、本書の他の冊子への参照を示している。

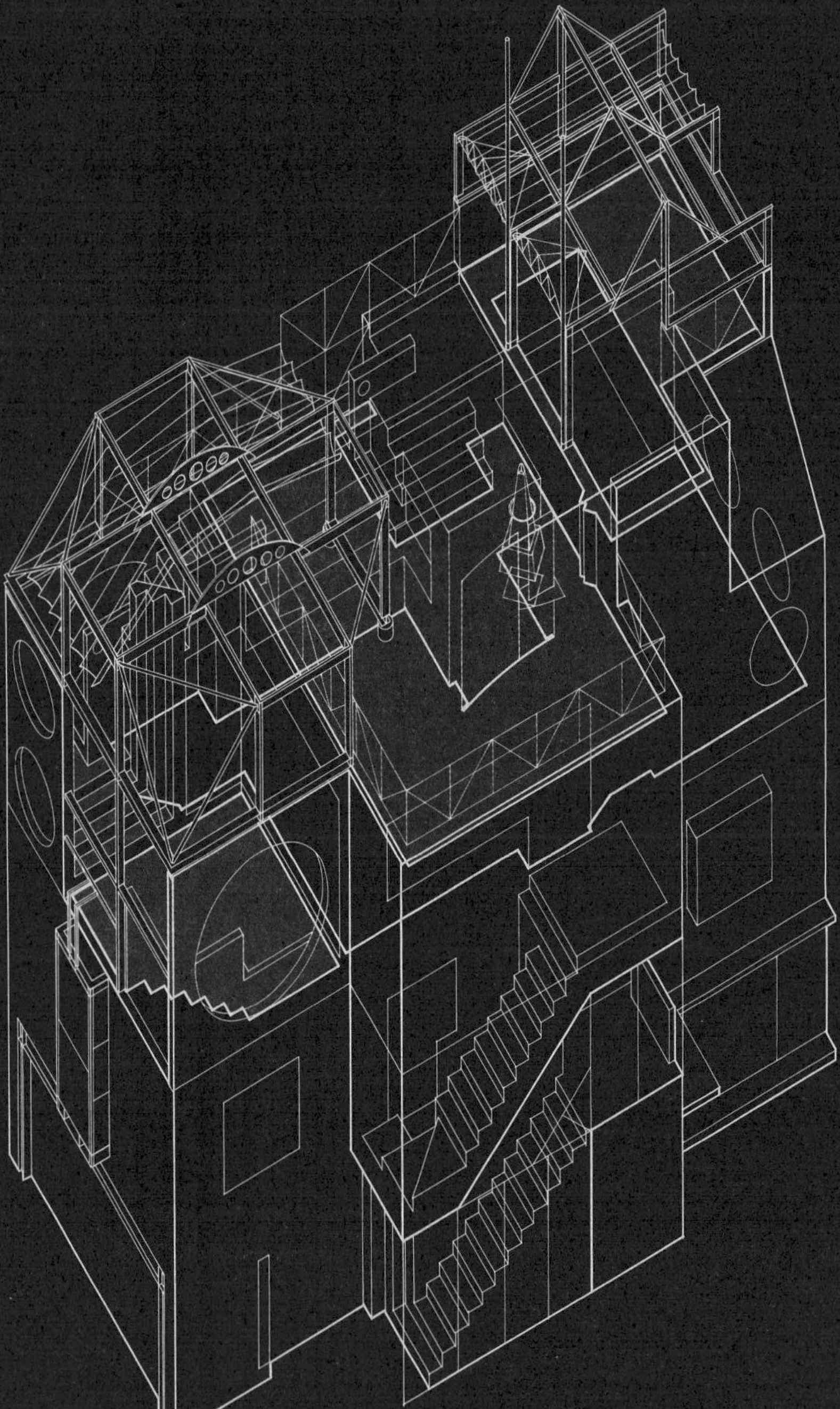

加瀬邸（1986 年） アクソメ図

Session 1

模索の時代、独立直後まで

連続インタビューの初回は、建築家として自らを確立するまでの時代のことを聞く。大学闘争で東大入試が行われなかった年に横浜国立大学へ入学、設計事務所でのアルバイトで建築の面白さに目覚めたという。卒業後は谷口吉生氏の事務所で設計の仕事を経験、「資生堂アートハウス」などを担当する。元倉眞琴氏との共同時代を経て、個人事務所の立ち上げ。初期の住宅作品には、その後に展開される飯田作品の特徴がすでに現れている。

2013年4月12日 @アーキシップ・ライブラリー＆カフェ　　聞き手：磯達雄

――まずは建築家になる前にさかのぼって話を聞かせてください。お生まれは一九五〇年ですね。

飯田｜埼玉県の浦和で生まれました。祖父が地元の棟梁でした。といっても街場の大工ですから、身近な建物を頼まれては手がけていたのだと思います。何でもつくっていましたが、田んぼに浮かべる舟が一番難しかったそうです。今でも母が住む実家以外に、お祭りで子どもたちが曳く町内の山車や、小さなお稲荷さんの祠、擬洋風の写真館などが残っています。自宅の近くに下小屋、要するに加工場があって、小さいころはそこに入り浸って遊んでいたようです。それで建築を志すようになったというわけではありませんが、伏線の一つではあるかもしれないと、今振り返れば思いますね。

――子どものころから家を建てる現場に接していたということですね。

飯田｜祖父は僕が大学生の時に亡くなりました。そのころは実感してなかったのですが、自分が仕事を始めてみると、実はとんでもなくいい腕だったのではないか、と思うことがあります。僕は父の転勤で、中学と高校を札幌で過ごしたのですが、その時に祖父が遊びに来て、あり合わせの木を工作用のノコギリで切って、レコードを入れる箱をつくってくれたんです。それを今でも持っているけれど、これがよくできているんですよね。模様のあるデコラと板材を貼り合わせて、なんてことはないのだけれど、きれいなものです。今でもまったくガタがありません。当時はたいして祖父の仕事について話す機会もなかったのですが、実際に建築の仕事を始めてから、色々教えてもらっておけばよかったと悔やまれます。いつもそうですが、大切なものはなくなってから気がつくんですね。

――お父様は建築関係ではなかったのですか。

飯田―父は建築設備系の会社に勤めるサラリーマンで、レディメイドのスチール・サッシの営業に関わっていました。そういう意味では、建築に関わりがあったと言えます。自宅にも何冊か建築雑誌が置いてありましたね。でも早熟なことに中学生でクラシック音楽が好きだったので、そのレコード・ジャケットを眺めているほうが好きでした。そういうところからデザインの面白さに惹かれていった気がします。母が言うには中学校の卒業文集に「建築家になりたい」と書いたらしいのですが、本当かどうか……(笑)。

――でも大工の加工場が近くにあったり、建築の雑誌が家に転がっていたりと、建築を身近に感じられるような環境で育ったわけですね。

飯田―母の実家も、川越で桐下駄をつくっていました。職人の家系ですね。だから、ものをつくることには抵抗がなかったのかもしれません。

――それで大学に入る時には建築学科を選んだ、と。

飯田―いや、その決断についてはあまりよく覚えていません。札幌西高等学校という公立の学校に通っていて、そこからは毎年百人以上が北海道大学に進みます。でも僕はそんなふうに流されるのが嫌でした。何も環境が変わらないじゃないか、と思ったんです。高校三年生になる時、親が名古屋に転勤していたので、札幌で下宿していましたが、とにかくその時は札幌を出たかった。僕は一年間、浪人したんですが、その期間は祖父といっしょに浦和の家で生活して東京の予備校に通いました。市ヶ谷にあった城北予備校という学校でしたが、何せ十八歳ですから、そこにたどり着くまでに色々なところに引っかかるんですね。秋葉原から行くか新宿から行くか迷う日々で、周りが刺激だらけでしたから。映画が好きになって寄り道ばかり、池袋の文芸坐[01]とか飯田橋の佳作座[02]とかは、安いのでよく行きました。

――映画館ですか。

飯田―そうです。当時はフランスのヌーヴェルヴァーグ[03]と言われたゴダール[04]、トリュフォー[05]、イタリアのフェリーニ[06]、アントニオーニ[07]、アメリカでもキューブリック[08]とか、映画がものすごく面白かった。とにかく見まくっていました。その年から数年間は映画漬けでしたね。幸い、一浪して大学に入るんですけれど、ちょうど大学闘争があって東京大学の入学試験が行われなかった年です。東京工業大学に落ちて、それで横浜国立大学に入ったんです。

――国立大学が二カ所、受験できる時代でしたよね。

01 **文芸坐**
東京・池袋にあった映画館。一九五六年の開業時は封切館だったが、途中から名画座へと変わった。一九九七年に閉館。跡地に別の経営者によって新文芸坐がオープンしている。

02 **佳作座**
東京・飯田橋にあった映画館。名画座として営業していたが、一九八八年に閉館。

03 **ヌーヴェルヴァーグ**
一九五〇年代後半から六〇年代前半までにフランスで起こった、新しい映画づくりを志向する運動。ゴダール、トリュフォーらが担った。

04 **ジャン=リュック・ゴダール**
フランス出身の映画監督（一九三〇–）。代表作に「勝手にしやがれ」「気狂いピエロ」など。

05 **フランソワ・トリュフォー**
フランスの映画監督（一九三二–一九八四）。代表作に「大人は判ってくれない」「アメリカの夜」など。

06 **フェデリコ・フェリーニ**
イタリアの映画監督（一九二〇–一九九三）。代表作に「道」「8 1/2」など。

07 **ミケランジェロ・アントニオーニ**
イタリアの映画監督（一九一二–二〇〇七）。代表作に「太陽はひとりぼっち」「欲望」など。

08 **スタンリー・キューブリック**
米国に生まれ、イギリスで活動した映画監督（一九二八–一九九九）。代表作に「時計じかけのオレンジ」「二〇〇一年宇宙の旅」など。

飯田―そう。一期で東工大、二期で横浜国大。あのころよくあったケースですね。僕らの世代は人数が多いから、とにかく競争が激しかった。

設計事務所のアルバイトで建築の面白さに目覚める

――大学では建築学科を選んだわけですね。大学闘争の盛んな時期でしたよね。

飯田―入った年に大学はバリケードで封鎖されていて、そのため横浜国大では授業そのものが秋まで行われなかったんです。すごいですよね。一年生のくせにバリケードの中で自主講座をやろうという話になり、たまたま原広司[09]さんの『建築に何が可能か』[10]を持っている早熟な友人がいて、この人を呼ぼうということになって、お願いに行きました。確かまだ東洋大の先生をしていた時で、渋谷のガード下にあった喫茶店で会い、頼んだ覚えがあります。原さんはバリケードの中が見たいと言って、二つ返事で来てくれました。でも原さんの『建築に何が可能か』は難しくて、当時は書いてあることがさっぱりわかりませんでした。(笑)。

――飯田さん自身は闘争には関わらなかったんですか。

飯田―セクトには興味がありませんでしたが、建築学科の中に一つのまとまりがあって、それに参加して黒いヘルメットをかぶってよくデモに行っていました。機動隊は

09
原広司
建築家、東京大学名誉教授(一九三六―)。代表作に「ヤマトインターナショナル」「梅田スカイビル」「京都駅ビル」など。

10
『建築に何が可能か』
原広司による著作。一九六七年。建築の本質を空間を閉じる皮膜とそこに穿たれた孔としてとらえる〈有孔体理論〉を唱えている。

怖かったですね。そのうちセクト間の争いが激しくなって、闘争の中身が変わってしまう。学内で殺人事件も起きていました。それで嫌になりましたね。

――大学の授業で特に記憶に残っているものはありますか。

飯田｜横浜国大の建築学科は構造の先生が強かった。意匠の分野では河合正一[11]先生が教授にいて、後から聞くと、大学の移転計画のような重要な仕事をやっていたはずなのですが、僕はまったく知りませんでした。ほかに都市計画の内藤亮一[12]先生、日本建築史の井上充夫[13]先生など、今から考えると優れた先生がたくさんいました。あとは計画の先生が何人か。非常勤の先生では三沢浩[14]さん。今と違って、建築家はほとんどいなかったように思います。当時の僕にとっては正直あまり魅力的には映りませんでした。闘争を通じて、大学の先生に対して失望していたのかもしれません。

――設計製図への取り組みはどうでしたか。

飯田｜講評会に植田実[15]さんが来てくれたことがあって、僕のチームがやった成果を褒めてくれたことは、よく憶えています。あのころ、植田さんが編集していた雑誌『都市住宅』[16]がとても刺激的でしたから。そう、それで三年生になったころ、一度建築をきちんと学ぼうと決心し、設計事務所でアルバイトをしたいと思って、『都市住宅』で活躍している若手建築家に片っ端から電話したんです。仙田満[17]さん、東孝光[18]さん、あと誰だったかな。でもどこからも「仕事がないので」と断られてしまいました。結

11 **河合正一** 建築家、横浜国立大学教授（一九二〇－一九八六）。代表作に「横浜国立大学常盤台キャンパス」「横浜市営地下鉄デザイン計画」など。

12 **内藤亮一** 建設省で住宅局指導課長を努めた後、横浜国立大学教授（一九〇五－一九八三）。

13 **井上充夫** 建築史家（一九一八－二〇〇二）。著書に『日本建築の空間』『建築美論の歩み』など。

14 **三沢浩** 建築家（一九三〇－）。代表作に「平塚聖マリア教会」「吉祥寺レンガ館モール」、著作に『アントニン・レーモンドの建築』『建築新大陸アメリカの百年』など。

15 **植田実** 編集者（一九三五－）。雑誌『建築』『都市住宅』『GA HOUSES』、単行本シリーズ〈住まい学大系〉などを編集。著書には『真夜中の家』『集合住宅物語』などがある。

16 **『都市住宅』** 鹿島出版会から一九六八年から一九八六年までの間、発行されていた建築雑誌。創刊から一九七六年まで植田実が編集長を務めた。

17 **仙田満** 建築家、東京工業大学名誉教授（一九四一－）。代表作に「東京辰巳国際水泳場」「愛知県児童総合センター」「広島市民球場」など。

局、槇文彦[19]さんの事務所に行き着いて、「何でもできます」と大ボラを吹いて（笑）、何とか採用してもらいました。

――槇総合計画事務所[20]のアルバイトではどんなことをしましたか。

飯田―「模型をつくってほしい」と言われたのですが、その出来がひどくて（笑）、「模型はいいからこっちを手伝え」と言われて、元倉眞琴[21]さんと一緒に都市計画の仕事を手伝ったりしました。槇事務所には当時、アーバンデザイン部門があって、長島孝一[22]さんがまとめていたと思います。

――そこで元倉さんと出会うわけですね。

飯田―元倉さんの名前は『都市住宅』で既に見ていたのですが、槇事務所にいることは知らなかったので、びっくりしました。とにかく若い人が多く、活気があって、設計事務所というのはこんなに面白いところなんだと感じました。大学での教育ではなく、設計事務所で建築の面白さに目覚めたわけです。それで、大学よりも槇事務所に入り浸るようになって。

――槇さんが設計した代官山ヒルサイドテラス[23]の第一期ができ上がったころですね。

飯田―事務所は日本橋の大日本インキビルの横でした。近くには　丸善や現代美術の

18 **東孝光** 建築家、大阪大学名誉教授（一九三三―）。代表作に「塔の家」「日本バプテスト教会連合センター」など。

19 **槇文彦** 建築家（一九二八―）。代表作に「代官山集合住宅ヒルサイドテラス」「東京体育館」「幕張メッセ」など。

20 **槇総合計画事務所** 槇文彦が主宰する建築設計事務所。出身者に小沢明、長島孝一、元倉眞琴、栗生明、大野秀敏、中村勉らがいる。

21 **元倉眞琴** 建築家、東京藝術大学名誉教授（一九四六―）。代表作に「ヒルサイドテラス・アネックス」「朝日町エコミュージアムコアセンター創遊館」など。

22 **長島孝一** 建築家、都市計画家（一九三六―）。代表作に「石原なち子記念体育館」「女子聖学院礼拝堂」など。

23 **代官山ヒルサイドテラス** 東京都渋谷区にある集合住宅、店舗、オフィス、文化施設などを複合した建物群。槇総合計画事務所の設計により、一九六八年から九二年まで順次、建て増しされていき現在に至る。

画廊も多くて、休み時間はそのあたりを見て歩いていましたね。都市計画の分室は泉岳寺のマンションの一室にありました。二つの事務所を行ったり来たりしながら、横浜・金沢区の埋立地の計画とか、竣工した建築の雑誌用インキング図面とか、時には実施設計なども手伝っていました。建築を肌身で感じられる貴重な経験でしたね。あの時、槇事務所に電話をしていなかったら、自分の人生はどうなっていただろう、と思いますよ。

スタッフとして谷口吉生氏の初期代表作に関わる

——そのまま槇事務所に就職したわけではないんですね。

飯田　大学を卒業する時、元倉さんに薦められて東京藝術大学の大学院を受けたのですが、落ちてしまいました。どうしようかな、と思っていた時に、槇さんから「谷口吉生[24]という人がスタッフを探しているので行ったらどうか」と言われたんです。沖縄国際海洋博覧会[25]の船クラスターを設計するプロジェクトチームを、谷口さんのほか、曽根幸一[26]さん、熊井竹夫[27]さんの三人でつくっていて、谷口さんは自分のスタッフを探すのに槇さんに相談されたのでしょう。当時谷口さんが何者か、全然知りませんでしたが言われるままに行きました。チームでは僕が一番の下っ端でしたが、図面を描くのは好きだったので、重宝がられたと思います。

24　**谷口吉生**
建築家（一九三七-）。代表作に「土門拳記念館」「豊田市美術館」「ニューヨーク近代美術館新館」など。

25　**沖縄国際海洋博覧会**
沖縄県の本部半島を会場に一九七五年七月二十日から一九七六年一月十八日まで開催。テーマは「海——その望ましい未来」

26　**曽根幸一**
建築家、都市計画家、芝浦工業大学名誉教授（一九三六-）。代表作に「日本万国博覧会　動く歩道と7つの広場」「パルテノン多摩」など。

27　**熊井竹夫**
建築家（一九四〇-）。代表作に「東洋大学コミュニティセンター」「アートフォーラム谷中」など。

——その時、沖縄には行きましたか。

飯田｜設計当初、一回だけ行きました。初夏だったと思います。海が本当にきれいでしたね。ベトナムに行くB52爆撃機が嘉手納基地に停まっているのも見ました。沖縄海洋博の仕事が終わった後、谷口さんからは「自分の事務所を開くからいてほしい」と言われて、ほかにやることもないので、残ったわけです。

——計画・設計工房[28]ですね。その時、スタッフは一人だけでしたか。

飯田｜そうです。給料は当初、お父さんの谷口吉郎[29]さんの事務所から出ていたようです。最初のうちは仕事がなくて、青山墓地の裏手にあるマンションの小さな部屋で、何にもしないままぶらぶらしていました。半年経って、仕事が入った時は本当に嬉しかったですね。

——それが雪ヶ谷の住宅[30]ですね。

飯田｜道路から入り込んだ旗竿形状の土地でしたが、建築主は無線を趣味にされていて、敷地の真ん中に高さ十五メートルのアンテナを立てることが決まっていました。

——アンテナがあったのですか。雑誌に載った図面には描かれていないですね。

28
計画・設計工房
谷口吉生と高宮眞介によって一九七四年に創設された建築設計事務所。現在は高宮眞介が単独で代表を務める。

29
谷口吉郎
建築家（一九〇四－）。代表作に「千鳥ヶ淵戦没者墓苑」「ホテルオークラ　メインロビー」「東京国立博物館東洋館」など。

30
雪ヶ谷の住宅
東京都大田区、竣工一九七五年。

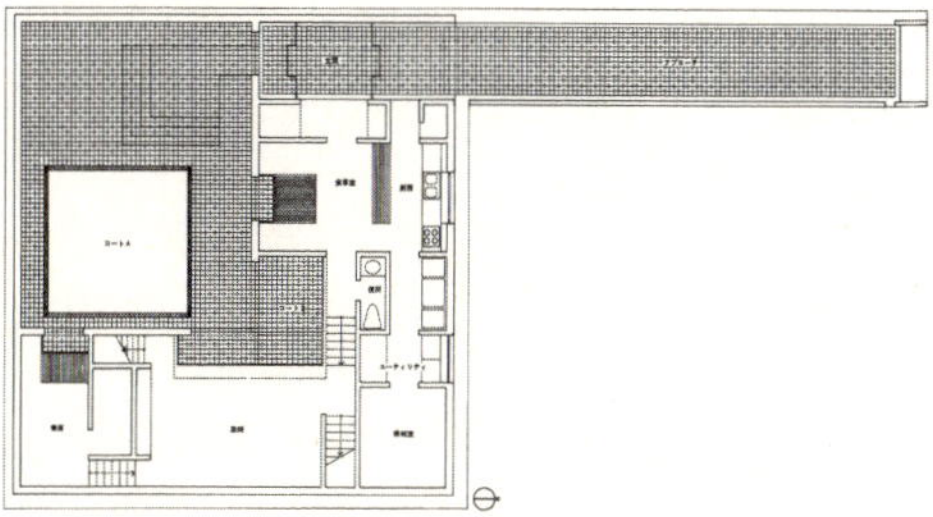

飯田｜そういえばそうですね。谷口さんはアンテナがあるのが嫌だったのかな。あの時は、ほかに仕事もないので嬉々としてずいぶん多くの案をつくりました。ある配置案でL字型の住宅の模型をつくった時、谷口さんがそれをヒョイと手に取って、向きを九十度回転させた瞬間に設計案が定まったのをよく覚えています。

――実際に住宅を建てるのは初めてですから、難しいこともあったでしょうね。

飯田｜谷口さんは図面の描き方など、ほとんど教えてくれなかったですね。仕方がないので、サッシや建具のディテールを解説している本を買いに行き、さらに曽根さんの事務所から参考になる図面を一式借りてきたんです。とにかく何もわからないところから始めて、でも最終的に電源コンセントのプレートまでデザインしました。僕にとってもこの住宅は原点のようなものです。設計の構想から完成まで、図面も現場もすべてに関われた最初の経験ですからね。

――途中から高宮眞介[31]さんが共同者として加わるんですね。

飯田｜高宮さんが合流したのは、海洋博の設計が終わって一年後ですね。雪ヶ谷の住宅の設計途中で、ようやく実務の相談に乗ってもらえる人が来たと、ホッとした記憶があります。谷口さんと高宮さんで計画・設計工房を開設し、事務所も飯倉片町に構えました。スペイン村と呼ばれるアパート群があるあたりで、マンションの一階の部屋を、自分たちで壁のペンキを塗ったりして使っていました。そのころにはスタッフ

31
高宮眞介
建築家（一九三九-）。谷口吉生と共同したもの以外に「日本大学理工学部駿河台校舎1号館」「甑葉プラザ」などがある。

も一、二人増えてきました。

——設計の仕事は順調に増えていったんですか。

飯田―そうですね。不動産の会社が隣にあって、そこからの仕事もしていましたが、僕は担当していません。雪ヶ谷の住宅の次に担当したのは福井相互銀行成和支店[32]です。谷口さんがこの銀行とつながりがあって、それで依頼されたようです。地元の工務店に施工してもらいましたが、今から考えると、難しい要求にもかかわらず、よくやってくれたと思います。

——その後が資生堂アートハウス[33]ですね。どのように設計を進めたのですか。

飯田―あのころは、谷口さんと高宮さんはかなり話し合いながら一緒にデザインをしていましたね。僕も様々な案を提案させてもらいましたが、ある朝、事務所に行ったら、完成した建物の原型となるスケッチだったか模型だったかがあったんですね。谷口さんは常々、美術館のプランを「∞」にしたいと言っていました。動線が無限に続いていくというイメージですね。小淵沢の清春白樺美術館[34]や長野県信濃美術館・東山魁夷館[35]など、一連の作品も同様ですが、その最初の例です。設計を始める前に、新幹線の中から敷地の写真を撮りにも行きました。あっという間に通り過ぎるんですけれど、二枚くらいシャッターを切れるんです。

32 **福井相互銀行成和支店**
現・福邦銀行成和支店。福井市、竣工一九七六年。

33 **資生堂アートハウス**
静岡県掛川市、竣工一九七八年。

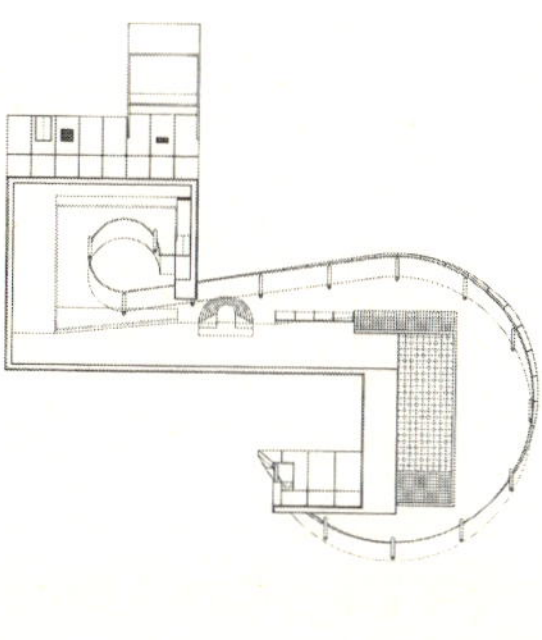

34 **清春白樺美術館**
山梨県北杜市、竣工一九八三年。

35 **長野県信濃美術館・東山魁夷館**
長野市、竣工一九九〇年。

資生堂アートハウス

——新幹線からの見え方も気にしていたんですね。資生堂アートハウスはタイル打ち込みPCの外装が印象的でした。

飯田｜ラスター釉の小口タイルをPC版に打ち込んだんです。もちろん初めての経験です。谷口さんから内装で使う小さな銀色のタイルの破片を渡されて「こういうのを探してほしい」と。業者を探したけれど、なかなか見つかりません。そのうち坂倉建築研究所[36]が設計した群馬ロイヤルホテル[37]の金色のタイルを見て、その外装タイルを手がけた岩尾磁器[38]という会社にたどり着きました。ラスター釉も当時は色が安定していなくてムラがあるんです。しかたがないから立面によって区分して、色味によってある程度選り分けて使ったのを憶えています。それであの外装ができたんです。それを槇さんが見て虎ノ門NNビル[39]に使うんですよね。雪ヶ谷の住宅でつくった一五〇角タイルも、代官山ヒルサイドテラスに使われています。

——こちらのほうが先だったんですね。

飯田｜そうなんです。谷口さんと槇さんがいかに仲が良いかがわかりますね。資生堂アートハウスを設計をしている途中に、今度は金沢市立図書館[40]の話が来て。今は「玉川図書館」という名前に変わっていますが。

——谷口さんがお父さんの吉郎さんと一緒にやった仕事ですね。

36 **坂倉建築研究所**
一九六九年に設立された建築設計事務所。坂倉準三が一九四〇年に設立した坂倉準三建築研究所を前身とする。

37 **群馬ロイヤルホテル**
群馬県前橋市、竣工一九七五年。

38 **岩尾磁器**
佐賀県に本社を置くセラミック製品会社。

39 **虎ノ門NNビル**
東京都港区、竣工一九八一年。

40 **金沢市立図書館**
現・金沢市立玉川図書館。金沢市、竣工一九七八年。

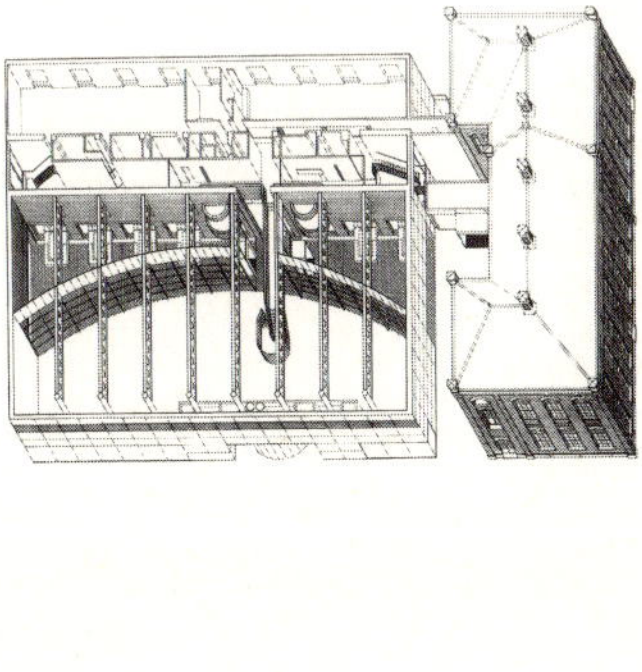

飯田―元タバコ工場の一棟だけを残してそれを吉郎先生が古文書館に改装し、それとつながる新しい図書館のほうを谷口さんがやりました。どちらも地元金沢の五井建築設計研究所[41]に監理を手伝ってもらっています。

――玉川図書館のコールテン鋼とガラスがツライチで納まっている外装は、当時、非常に斬新だったのではと思います。飯田さんのお父様がサッシに関係したお仕事をされていたと聞いて、なるほどな、と思いました。

飯田―（笑）親父は関係ありませんが、サッシの納まりを考えることは昔から好きでした。谷口さんは、細かいところも僕に考えさせてくれて、常に三案ほど考えて説明しなければいけないので大変でしたが。あのころにつくったディテールは、僕が辞めた後も谷口事務所で使ってくれていたと聞いています。

――資生堂アートハウスと玉川図書館は、谷口さんの初期の代表作と言えると思います。その両方を飯田さんは担当したんですね。

飯田―設計も工事も期間が重なっていました。現場の打ち合わせで、資生堂がある掛川に行って、それから米原経由で金沢に回って帰るとか、その逆とかを毎週やっていました。

――それはハードでしたね。

41
五井建築設計研究所
金沢美術工芸大学学長を務めた五井孝夫が、一九五四年、金沢市に創業した建築設計事務所。

飯田―でもとにかく夢中でしたから。本当に夢のような時間だった。資生堂と金沢の図書館の仕事が終わってから、僕は事務所を辞めようと思っていました。給費留学でイタリアに行こうと思っていたんです。ところがその選考に落ちてしまって、それでもう少し事務所にいさせてもらうことにしたんです。思えば、試験に落ちてばかりですね。その時に担当したのがGハウス[42]でした。東京の青葉台にあって、延べ面積が三百坪くらいという広い家です。谷口さんは、途中でハーバード大学へ教えに行っていて、設計の指示はファクスで送られて来るんですね。やることが膨大にあって、ある意味では図書館と美術館を同時にやっていた時以上に大変な仕事でした。色々あって、この住宅は残念ながら発表されていません。この仕事が終わって、もう充分やりきった気分になったんですね。ちょうど三十歳の時に事務所を辞めることになります。

――飯田さんにとって、谷口さんはどんな人でしたか。

飯田―今から振り返ると、ものすごく優れた教育者だったと思います。ご本人は全く意識していないと思うので、巧まざる教育者ということになるのでしょう。『INAX REPORT』[43]の谷口吉生特集の記事にも書かせてもらいましたが、常にA案、B案、C案と複数の案を出させるわけです。こちらとしては、この案以外にはないだろうと思っていても、それで終わることはありません。案が決まっても、谷口さんはどんどん変更する。それに合わせるのは大変です。でも、僕も変更したものを見てみたいという気持ちにさせられてしまう。カリスマですね。いつも複数の案を考えて、自分でその中の一

42 **Gハウス**
未発表。

43 **『INAX REPORT』**
INAX（現・LIXIL）が発行していたPR誌。現在は『LIXIL eye』に引き継がれている。谷口吉生特集は第一八三号に掲載。

番を決める、この作業を繰り返していると、自分の中に、たくさんの実行されなかった案がたまってくる。それが三十歳の時に、言ってみれば、口からあふれるようになったんですね。そうなると、とにかく自分でやらないと気がすまなくなる、そんな感じでしょうか。谷口さんのためではなく、自分のために仕事がしたいと思うようになったんです。Gハウスが終わった時が限界でした。

——一人で事務所を始めたんですか。

飯田——いや、元倉さんが槇さんの事務所にいた時から、「辞めたら一緒にやろう」と言ってくれていたので、二人で始めました。元倉さんは先に槇事務所を出ていて、山本理顕[44]さん、藤江和子[45]さんと三人で中目黒の事務所をシェアしていました。僕と一緒にやることになった時には、代官山ヒルサイドテラスに引っ越していました。仕事のあては全然ないのに「給料は三十万円にしよう」なんて話し合っていましたね（笑）。仕事はなかったけれど、楽しかったですね。

——元倉さんとは設計も共同で手がけたのですか。

飯田——そうです。最初に一つインテリアをやって、その次に木造の住宅を設計しました。常盤台の家[46]ですね。非常に新鮮な体験でした。

——役割の分担があったんですか。

44 **山本理顕**
建築家（一九四五-）。代表作に「熊本県営保田窪第一団地」「公立はこだて未来大学」「横須賀美術館」など。

45 **藤江和子**
家具デザイナー（一九四七-）。代表作に「リアスアーク美術館」「福砂屋松が枝店」「茅野市民館」などの家具、内装がある。

46 **常盤台の家**
東京都板橋区、竣工一九八二年。

47 **ルイス・カーン**
米国の建築家（一九〇一-一九七四）。代表作に「ペンシルベニア大学リチャーズ医学研究棟」「キンベル美術館」「バングラデシュ国会議事堂」など。

48 **『GA HOUSES』**
ADAエディタトーキョーが発行している住宅専門誌。

49 **武田邸**
東京都板橋区、竣工一九八三年。

50 **大野秀敏**
建築家（一九四九-）、東京大学大学院教授。代表作に「花の地球館・花のタワー」「東京大学数物連携宇宙研究機構棟」、著作に『シュリンキング・ニッポン　縮小する都市の未来戦略』など。

飯田｜この住宅のクライアントは元倉さんのお知り合いが紹介してくれた人でしたが、僕のアイディアを元倉さんが了解してくれて実施案にしました。図書館の司書をしている女性の一人住まいで、前衛華道を趣味とされていたので、一階の土間でそれができるようにしています。全体にルイス・カーン[47]のイメージが強いですね。

——この作品が建築雑誌に載ったのですね。

飯田｜植田実さんが編集していたころの『GA HOUSES』[48]に載りました。同じ号には武田邸[49]という住宅も載っていて、こちらは元倉さんが中心となってやったものです。

真面目だが自分を売り込むのが下手な世代

——飯田さんが同世代の建築家として意識するのはどのような人たちですか。

飯田｜僕は一九五〇年生まれです。この年に生まれた建築家は結構たくさんいますよ。ただ僕は早生まれなので、学年で言うと一つ上なんです。例えば、大野秀敏[50]さんと同じです。大野さんも槇事務所にいたので、以前からよく知っていましたね。

——安藤忠雄[51]さん、伊東豊雄[52]さん、石山修武[53]さんといった「野武士たち」[54]と呼ばれる一九四〇年前後生まれの建築家がいて、下には隈研吾[55]さん、竹山聖[56]さん、妹島和世[57]さんたちが

51 **安藤忠雄**
建築家（一九四一-）、東京大学特別栄誉教授。代表作に「住吉の長屋」「光の教会」「大阪府立近つ飛鳥博物館」など。

52 **伊東豊雄**
建築家（一九四一-）。代表作に「八代市立博物館未来の森ミュージアム」「せんだいメディアテーク」「トッズ表参道ビル」など。

53 **石山修武**
建築家（一九四一-）。代表作に「幻庵」「伊豆の長八美術館」「リアスアーク美術館」など。

54 **「野武士たち」**
一九七〇年代に活躍を開始した日本のポストモダン建築家たちを、槇文彦が総称した言葉。安藤忠雄、石井和紘、石山修武、伊東豊雄、毛綱毅曠、六角鬼丈、渡辺豊和らがそれに含まれる。

55 **隈研吾**
建築家（一九五四-）。代表作に「那珂川町馬頭広重美術館」「根津美術館」「浅草文化観光センター」など。

56 **竹山聖**
建築家、京都大学准教授（一九五四-）。代表作に「TERRAZZA 青山」「強羅花壇」「べにや無何有」など。

57 **妹島和世**
建築家（一九五六-）。代表作に「再春館製薬女子寮」「梅林の家」など。西沢立衛との共同作品として「金沢21世紀美術館」「ルーヴル・ランス」などがある。

います。飯田さんたちはその間ですよね。

飯田――そうなんです。そういう意味では僕らは、割合、目立たない世代ですね。

――飯田さんと同じころに生まれた建築家を調べてみると、一九四八年生まれには横河健[58]、高松伸[59]、新居千秋[60]、八束はじめ[61]、一九四九年生まれには若林広幸[62]、大野秀敏、村上徹[63]、一九五〇年生まれには北山恒[64]、岸和郎[65]、内藤廣[66]、石田敏明[67]といった建築家の名前が並びます。挙げてみても、ばらばらな印象です。

飯田――僕らは学生運動で大学が荒れていた時に学生時代を過ごしています。僕に関して言えば、集団に対して不信感をもっているとか、誰かと一緒にやることが結局苦手だとか、そういうことはあるかもしれません。

――まとまって何かをやるということがないんですね。

飯田――仲が悪いというわけでは全然ありませんが、あまりまとまっては動きませんね。「野武士たち」と呼ばれた個性豊かな人たちを下から見ていたわけですが、同じことをやりたいとも思わなかったし、できるとも思いませんでした。だから自分たちの個性が何だと訊かれると困りますね。レイトモダニズム[68]でくくられたりもするんでしょうけれど、それぞれ個人の美学があって方法論もあるんです。でもそれほど派手な身振りはしない。かと言って、下の世代のように時代に寄り添う感覚も少ない。

58 **横河健** 建築家、日本大学教授（一九四八-）。代表作に「グラスハウス」「埼玉県環境科学国際センター」「六町ミュージアム フローラ」など。

59 **高松伸** 建築家（一九四八-）。代表作に「キリンプラザ大阪」「植田正治写真美術館」「国立劇場おきなわ」など。

60 **新居千秋** 建築家（一九四八-）。代表作に「黒部市国際文化センター」「横浜赤レンガ倉庫2号館」「大船渡市民文化会館リアスホール」など。

61 **八束はじめ** 建築家、建築評論家（一九四八-）。代表作に「白石マルチメディアセンターアテネ」、著作に『思想としての日本近代建築』『メタボリズム・ネクサス』など。

62 **若林広幸** 建築家（一九四九-）。代表作に「ライフ・イン京都」「ヒューマックス・パビリオン渋谷」など。「南海空港特急ラピート」のデザインも。

63 **村上徹** 建築家（一九四九-）。代表作に「坂町のアトリエ」「岡山ノートルダム清心女子大学中央棟」「庵治町役場」など。

64 **北山恒** 建築家、横浜国立大学大学院Y-GSA教授（一九五〇-）。代表作に「公立刈田綜合病院」「洗足の連結住棟」「祐天寺の連結住棟」など。

――八〇年代の終わりごろになると、隈さんたちが一挙に出てきますよね。若い世代に追い抜かれた感じがありませんでしたか。

飯田―ないことはないですが、だからといって、何か目立つことをしようという意識もないのでしょう。割とマイペースですね。意外としぶとくやっています。多分、僕らの世代は自分のことをあんまりよくわかっていないと思うんですよ。スタッフに「僕がやっていることは建築界の中でどんなふうに見えているんだろう」と尋ねたりもします。気にするかと言ったら、気にもしないんですけれどね（笑）。結構わかりにくい性格です。

――自分たちでキャッチフレーズをつけて世の中に売り込んでいこう、ということをしなかったんですね。

飯田―やらなかったというか、できないのではないでしょうか。例外もあるとは思いますが。みんな真面目ですよ。一生懸命取り組んでいます。ただ、例えば大野さんの建築を見ていても、わかりやすくはない。色々な要素が組み合わさっている。

――やはりそうですか。互いによくわからないという感じなのでしょうね。

飯田―槇さん的でもあるし、そうでない身振りの時もある。非常に親しいですが、よく

65 **岸和郎**
建築家、京都大学教授（一九五〇-）。代表作に「日本橋の家」「ルナディミエーレ表参道ビル」「曹洞宗佛光山喜音寺」など。

66 **内藤廣**
建築家、東京大学名誉教授（一九五〇-）。代表作に「海の博物館」「島根県芸術文化センター」「旭川駅」など。

67 **石田敏明**
建築家、前橋工大学大学院教授（一九五〇-）。代表作に「NOSハウス」「有明フェリー長洲港ターミナル」「印西消防署牧ノ原分署」など。

68 **レイトモダニズム**
モダニズム初期のスタイルを洗練させて現代化した建築デザインの一潮流。

わからないところがありますね。でも、内藤、北山、岸、石田、村上と並べてみると、最近はそれぞれの個性がよくわかるようになっている。しぶとくつくり続けることで、やはり個性がはっきりしてきていますね。

――共通している点はありますか。

飯田―しいて言えば、社会的なことに興味があるということかな。批評的と言ってもいいかもしれません。当時はよくわからなかったですが。

――内藤さんも、現在では非常に明解にやりたいことが見えていますが、最初のうちは何がしたい人なのかわかりませんでした。

飯田―逆に隈さんはわかりやすいですね。彼は自分がすべきことを意識して自分をプロデュースしているところがあるから。

――隈さんが出てきた時、僕はまだ学生でしたが、学生にもよくわかるという感じでした。

飯田―そうだと思います。キャッチーな言葉で自分の建築や、時代説明ができる。それはすごい才能です。僕らの世代にはそういう才覚がある人が少ないのではないでしょうか。というか、そんなことどうでもいいと思っている人が多いのかなあ。言わなくてもいい、つくっているものを見てもらえばいい、という感じですかね。

——シャイなんですね。そのあたりは、谷口さんに通じるところがありますね。

飯田—確かに、谷口さんは自分のことを何も言わない。作品がすべて、という潔さがありますね。でも僕が谷口さんのところにいたから、そうなってしまったわけではないです。

——今回、インタビューを行うにあたって、雑誌に掲載された飯田さんの作品を最初から最近のものまで見て、僕も一筋縄ではいかないなと思いました。

飯田—そうかなあ（笑）、比較的わかりやすくないですか？ ただ、血液型がAB型ですから、二重人格的なところはあるでしょうね（笑）。自分でもよくわからない部分がありますね。まあ誰でもあると思いますが。

独立してすぐ、住宅設計での模索

——少し時代を進めます。元倉さんと一緒にやったのはどれくらいの期間ですか。

飯田—六年間で、作品数はそんなに多くないです。次第に、どちらかが主体でやっていくというようになっていきました。

——二人で組む必然性がなくなってしまったんですね。

飯田——二人ともタイプが似ていますからね。片方が建築でもう片方が都市とか、片方が設計をしてもう片方が経営を見るとか、そういう組み合わせなら続いたのかもしれないですけど。

——役割分担がなかったんですね。

飯田——仲違いをしたわけでは全然ないのですが、僕の方から別々にやりたいという話をして、事務所を出ることになりました。わがままを受け入れてもらったんですね。西麻布に小さなスペースを借りて始めたのが三十六歳の時です。最初の仕事は加瀬邸[69]と尾山台H邸[70]ですね。この二つをほとんど同時に手がけました。

——加瀬邸は少しポストモダン[71]のにおいがしますね。

飯田——今だったらおそらくこうはやらないでしょうね。でも当時はものすごく入れ込みました。地下にスタジオ、屋上に小さなプールのある家です。プールがあれば、屋上で裸になってもおかしくないというのが施主の意向でした。鉄骨はテントをかけるための支持材です。相当、手が走ってますね。

——元倉さんと一緒だった時はやれなかったことをやってみた感じですか。

69
加瀬邸
東京都港区、竣工一九八六年。

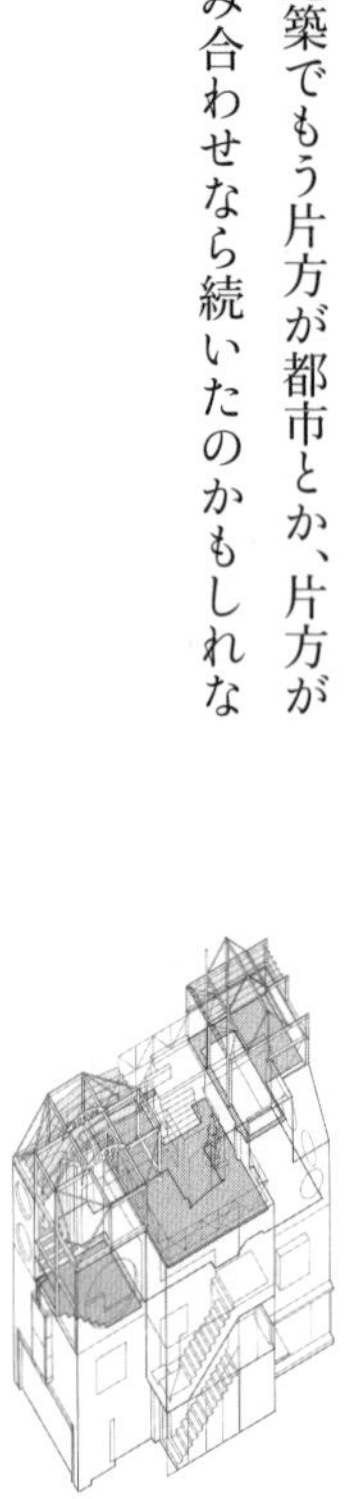

70
尾山台H邸
東京都港区、竣工一九八六年。

71
ポストモダン
モダン建築への批判から一九六〇年代から八〇年代にかけて現れた建築デザインの一潮流。機能主義の否定や、過去の建築様式を断片的に引用する手法などが見られる。

飯田　そうかもしれません。いや、谷口さんと違うことをやりたいというほうが強いかな。

――デザインに過剰さがありますね。

飯田　そういう時代でしたよね。何だったんだろうなあ（笑）。（掲載誌をめくりながら）色々なことをやっていましたね。船の窓を使ったり。

――丸窓は初期の練馬の家[72]、船橋の家[73]、下北沢Sビル[74]から、二〇〇〇年代のピア赤レンガ[75]に至るまで、繰り返し出てきますね。横浜で生まれて毎日船を見ていたとかならそれもわかるのですが、生まれたのは海がない埼玉県だそうで（笑）。

飯田　船と言うよりも、その部品を転用することに面白さを感じていたんです。

――船のイメージはアーキシップ・ライブラリー&カフェという事務所併設のスペースの名前にもつながっています。

飯田　そうですね。「アーキシップ」というのは僕がつくった言葉です。船は運命共同体ですよね。それにフレンドシップというような精神性を重ね合わせたんです。広々とした海に出ていく自由さの象徴でもある。それと関係しているかな（笑）。

72 **練馬の家**
東京都練馬区、竣工一九九二年。

73 **船橋の家**
千葉県船橋市、竣工一九九四年。

74 **下北沢Sビル**
東京都世田谷区、竣工一九九五年。

75 **ピア赤レンガ**
神奈川県横浜市、竣工二〇〇四年。
Projects p.034

76 **河口湖畔の家**
山梨県南都留郡、竣工一九八九年。

77 **逗子コンプレックス**
神奈川県逗子市、竣工一九九一年。

――屋根のかたちにはいくつかのタイプがありますね。河口湖畔の家[76]の、ゆるいヴォールトのような屋根は、一時期の安藤忠雄作品にも見られるものですね。

飯田｜安藤さんは意識しなかったなあ（笑）。一時期、凝ったのは多面体みたいな屋根。

――逗子コンプレックス[77]や練馬の家[78]に見られる、三角形で分割するやり方ですね。初期作品には流行のデザインとの関連が見えます。これはポストモダンふうとか、これはデコンストラクティビズム[79]が入っているなとか。

飯田｜蓼科斜楼[80]のころから変わってきたんだと思います。このころから空間の質をつくっていくことに重心が移ってきて、ディテールが単純になっていった。

――自分のやりたいことが明確になったんですね。

飯田｜蓼科斜楼は家族ではなく、個人個人と自然とがどうつながっていくかということを考えて設計しました。

――葉山の家[81]も不思議なプランでしたね。

飯田｜クライアントの家族を意識した設計でした。お母さんと娘二人、息子一人という四人の大人が、独特のルールで暮らしていて、夜中に友だちを連れて来て風呂に入れる

78
練馬の家
033頁参照。

79
デコンストラクティビズム
一九八八年にニューヨーク近代美術館で開かれた「デコンストラクティビスト・アーキテクチュア展」の参加者、ピーター・アイゼンマン、ダニエル・リベスキンド、ザハ・ハディド、コープ・ヒンメルブラウらが担った建築の一潮流。斜めになった壁や床、錯綜する軸線などを特徴とする。

80
蓼科斜楼
長野県茅野市、竣工一九九四年。
Projects p.004

ようにしてほしいなどと言われました。合宿所みたいな家ですね。

対の概念で建築を組み立てること

——プランニングがテーマになったのは船橋の家[82]あたりからでしょうか。

飯田—もっと前からだと思いますが、そう見えますか？　この家は二世帯住宅で、親夫婦は木造がいい、息子はコンクリートの打ち放しにしてくれと、それぞれに異なる考えをもっていて、意見が合いませんでした。それで両方やりましょう、ということになったんです。

——ドライに分かれているプランですよね。

飯田—いい家でしょう？　中庭を介したプランが僕は好きでした。二軒が一階のドアだけでつながっているんです。一方から鍵を閉めれば独立しますし、開けておけばつながります。

——二世帯であることが明解に現れた住宅でした。ほかでも飯田さんの作品には二つの棟が並んでいることがしばしばあります。それも同じボリュームのものが二つ並ぶのではなくて、大きいものと小さいものという組み合わせでできていることが多い。尾山台H邸やヴィラ・コルテ[83]がそうですし、蓼科斜楼も寝室が分離しています。その後の住宅以外の作品を見ても、実はこれを受

81
葉山の家
神奈川県三浦郡、竣工一九九二年。

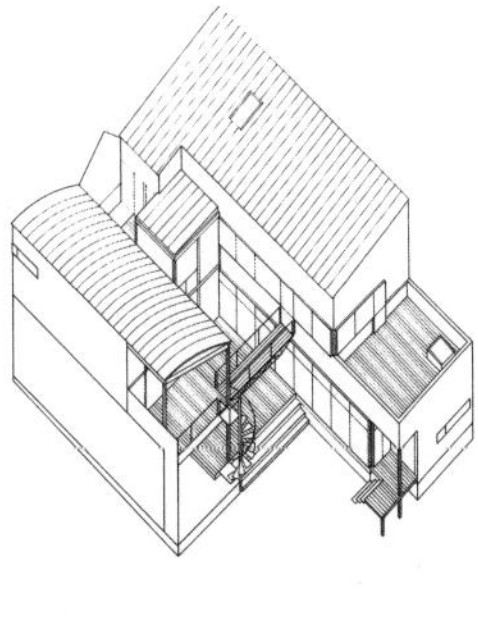

82
船橋の家
033頁参照。

83
ヴィラ・コルテ
東京都文京区、竣工一九八八年。

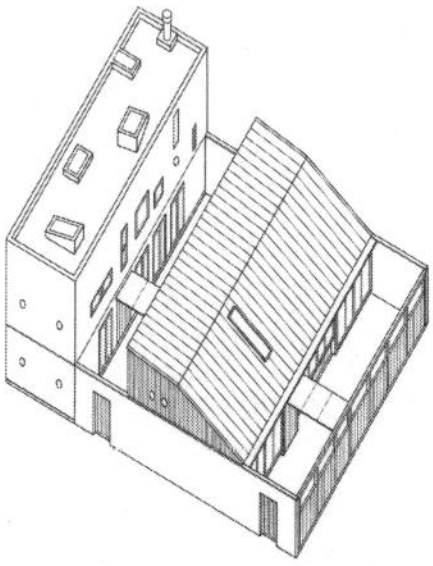

け継いでいます。川上村林業総合センター森の交流館[84]がそうですし、北総花の丘公園花と緑の文化館[85]も二つのボリュームが大きな屋根で覆われているとも言えます。名古屋大学の野依記念学術交流館[86]と物質科学研究館[87]も広場を介してつながっています。建物が必ず分割されて、構成されているんです。

飯田—確かにそうですね。プログラムを素直に解くとそうなるという面もあるんです。尾山台H邸は住居と仕事場、ヴィラ・コルテは主屋と貸家が分かれている。

——名古屋大学の野依記念館を発表された時の文章には「対の概念で建築を組み立てていることが多い」とあります。

飯田—自分で書いているならそうかもしれませんね。

——構造的にも初期作の時点で既にハイブリッドな構造方式を採ったものが見られます。それを好む感覚とも通じているのかなと思いました。

飯田—好きですね。河口湖畔の家もそうですが、川上村林業総合センターの時は、構造をハイブリッドにすることを相当意識しました。

——単純に一つで終わることを拒否しているように見えます。

84
川上村林業総合センター　森の交流館
長野県南佐久郡、竣工一九九七年。
Projects p.008

85
北総花の丘公園　花と緑の文化館
千葉県印西市、竣工二〇〇〇年。
Projects p.014

86
名古屋大学　野依記念学術交流館
愛知県名古屋市、竣工二〇〇三年。
Projects p.024
Presentation p.002

87
名古屋大学　野依記念物質科学研究館
愛知県名古屋市、竣工二〇〇三年。
Projects p.030
Presentation p.002

飯田―欲張りなんでしょうね。ただ、一つの建築の中にすべてを押し込んでいこうとはあまり思いません。大きなものを分割するより、小さなものを集めたいんです。僕の中では最初から何となくルイス・カーンを意識しているところがあります。カーンの造形というよりも考え方ですね。単位に分けて、それを統合するほうがしっくりいくのです。

――それが先ほどの「わかりにくさ」とも通じているのかもしれません。一つの単純なコンセプトには収まり切らない面が常にある。

飯田―建築に対する僕の考えがいくつかあって、その一つは建築は「もの」だということ。最初は当然コンセプトが必要なのですが、やはり最後は「もの」なんです。例えば妹島さんは、そこにある抽象性をできるだけ抽象的なまま実現することを目指しているように見受けられるのですが、僕は抽象性というのはどこか途中で消えてしまってもいいと思っている。身体感覚に訴えてくるのは、結局「もの」のレベルですし。川上村林業総合センターは、そのあたりが自分ではうまくいった例だと思います。

――大変興味深い話ですが、予定の時間を過ぎているので、今日はここまで。次回はその川上村林業総合センターの話を、現地でたっぷりとうかがうことにしたいと思います。

川上村林業総合センター　森の交流館（1997 年）　　コンセプト・アイソメ図

Session 2

転機となった公共建築の設計

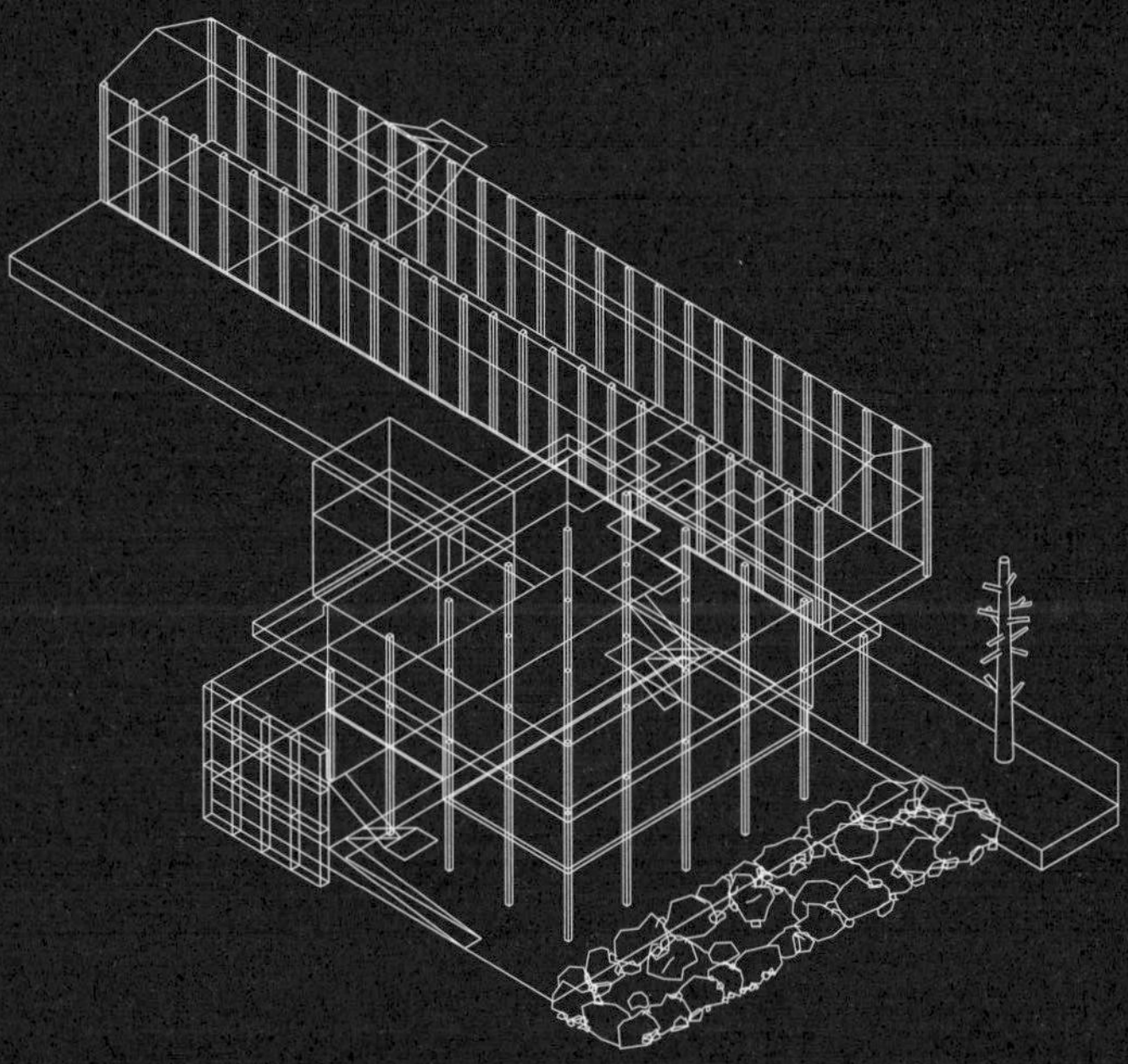

インタビューの2回目は、1990年代の設計活動について聞く。長野県川上村から依頼されて初めて取り組んだ公共施設の設計は、建築が人に与える影響について改めて考えさせられる契機ともなった。この作品で日本建築学会作品賞を受賞。しかし、その後は数多くのコンペに挑むも落選が続いて悔しい思いを味わう。ようやく一等を獲れたのが名古屋大学の「野依記念館」だった。

2013年4月29日@川上村林業総合センター　森の交流館　　聞き手:磯達雄

――川上村林業総合センター森の交流館を久しぶりに訪れた感想はいかがですか。

飯田―今見ても、なかなかよくやったなと思います（笑）。

――どのように設計を進めたのですか。

飯田―この建物に関わったのは、僕が四十二～八歳の時です。初めての公共建築でしたから、設計の話をもらった時はものすごくうれしかったです。村長から「林業と村の歴史をちゃんと勉強してください」と言われ、分厚い村史を手渡されました。読んでみると、初めて知る話ばかりでした。でも、レンゾ・ピアノ[01]が著書の『航海日誌』の中で「建築は残された最後の冒険である」と言っていますが、知らないところに分け入って多くのことを学んでいく非常に濃密な時間でしたね。都会育ちでしたから、山間の村で建築について考える難しさもありましたが、面白さもありました。この村で僕はかなり鍛えられたと思います。

――林業の復興を狙った施設ですね。

飯田―林業の復興というより、森林の新たな魅力を発信するための拠点施設と言ったほうがいいですね。この村は元々林業で栄えていましたが、今では全く見る影もありません。森林や林業、特にこの村が特産としていた「カラマツ」の今後を考えていくセンターがほしいとの意向があって建てたものです。それで建物自体がカラマツの展

01
レンゾ・ピアノ
イタリアの建築家（一九三七―）。代表作に「ポンピドゥー・センター」「関西国際空港旅客ターミナルビル」「チバウ文化センター」など。『航海日誌』は一九九八年にTOTO出版から出版されている。

示場となるよう目指しました。色々なところに、村で採れたカラマツ材を使っています。例えば床下にも、カラマツでつくった炭をつくって敷き詰めています。

——見えないところにも使われているんですね。

飯田—床の点検口を開けると見えるようにしてあります。とにかく色々なことを考えて、それを建築にしていく訓練をさせてもらいました。

——建物は展示室やレストランがあるA棟と、事務室や会議室があるB棟の二つから成ります。

飯田—床面積は大規模木造建築物の扱いにならない千平米未満にしています。その中に求められる機能を配置していきました。すべてを一つの棟にまとめることも当然ありえたわけですが、展示スペースと事務所というプログラムの異なる領域を二つの建築に分けるとすべてがうまくいったんです。前回、話した通り、ルイス・カーンの単位空間の考え方が好きだったことも、関係しているのかもしれません。二つに分けてつないでいく手法を意識して採ったのは、これが初めてだったと思います。

——二棟はかたちも大きさも違いますね。

飯田—A棟はきっちりとした単位空間になるのですが、B棟は村役場の建物につながっていくような配置ですし、完結しないようなかたちにしました。ほかに機能が増えていけば延ばしていけるようなデザインですね。どこまでも長い建築を、スパッと切ったイメージです。

――A棟は大きなガラスの開口をアプローチ側に向けています。

飯田｜川上村は冬になると気温がマイナス十五度くらいに下がりますから、ほとんどの建物が閉じています。大きいガラスを使うことは、公共施設でもありません。でもこの林業総合センターの役割は、中でやっていることが外からも見えることだろうと思い、展示スペースはガラス張りにしたのです。もちろん、それが熱環境的に大きな負荷にならないよう、エコロジカルな手法も色々と採り入れています。この棟のプロポーションは、ここにあった最初の木造役場の大きさとちょうど同じにしてあります。同じ木造でもまったく異なる構法や環境技術を採ることで、ともに村人が集まる施設だけど、これからの村の新しいあり方を象徴させたいと考えたわけです。

――構造設計者として今川憲英[02]さんが参画していますね。

飯田｜これくらいの建物の規模を木造でつくるとなると、今まで手がけてきた木造住宅とは異なる技術がやはり必要になります。それで、木造による大規模建築の構造設計に経験のある今川さんに相談しました。木の特性をきちんと踏まえた上で、技術的にも優れた建築をつくりたかったんです。構造設計者との協同はうまくいきましたね。大きな木造の場合、構造技術者の役割が特に重要です。

02
今川憲英
構造エンジニア、東京電機大学教授（一九四七－）。構造設計を手がけた作品に「石打ダム資料館」「新青森県総合運動公園メインアリーナ」「苓北町民ホール」など。

川上村林業総合センター　森の交流館

——それまでの飯田さんにとって、木造建築はテーマにならなかったのですか。

飯田―木造を手がけてはいましたし、嫌いでもなかった。ただ、木を使うことに対する自分の態度みたいなものは割と曖昧でした。この建物で木ときちんと向き合わないといけなくなって、喝を入れてやった面はあります。

——単に木を使ったというだけではなくて、ありとあらゆる使い方をしたという点が重要ですね。

飯田―木造漬け、カラマツ漬けですよね。

——木造で公共建築をつくるのは、まだ珍しい時代だったと思います。大断面集成材の体育館はありましたけれど。

飯田―ちょうど同じころに長野オリンピックがあって、エムウェーブ[03]の屋根を木造で架けていますね。その前だと、葉祥栄[04]さんが設計した小国ドーム[05]があります。以前、建築デザイン会議[06]の見学会であの建物を見て、新しい木造建築の時代に突入したのだなという感じはしましたね。僕にとって木造は、新しい技術です。川上村林業総合センターも実は当初、伝統的な木造で切妻屋根を架けてほしいという要望があったんです。それに対しては、「これからの時代の新しい木造建築でやらせてほしい」と言って、認めてもらいました。

03
エムウェーブ
長野県長野市、竣工一九九六年。長野オリンピック会場として建設された吊り屋根の木造施設。設計者は久米・鹿島・奥村・日産・飯島・高木設計共同企業体。

04
葉祥栄
建築家（一九四一–）。代表作に「小国ドーム」「太閤山ランド展望塔」「グラスステーション」など。

05
小国ドーム
熊本県小国町、竣工一九八八年。木造立体トラス構造による体育館。

06
建築デザイン会議
YKKグループが協賛して、主に若手建築家が集まり、意見を交換したイベント。黒部、高野山、熊本、東京などと場所を変えながら、一九八〇年代末から九〇年代初めにかけて毎年開催された。

——良かったですね。

飯田｜森林組合の人も力になってくれました。村長がやると決めてしまったので、「しょうがない、付き合うか」みたいな感じだったかもしれないけれど（笑）。センターの中にレストランをつくって森林組合が直接経営をするというのは、村長の考えだったと思います。補助金の使い方なども含めて、アイディアが豊富でした。

——でき上がった建物は、村長に気に入ってもらえましたか。

飯田｜そうじゃないと困ります。この建物が日本建築学会賞[07]をいただいた時には、たいそう喜んでくれました。

——学会賞は飯田さんご自身もうれしかったでしょう。

飯田｜それはもう、うれしかったですよ。実はこの後、千葉ニュータウンの北総花の丘公園花と緑の文化館の設計をやることになり、構造設計をまた今川さんにお願いしていて、「この建築で学会賞を獲りたいね」という話をしていたんです。川上村林業総合センターのほうは、どちらかというと試金石と思って学会賞に応募したんです。推薦文は大野秀敏さんに書いてもらいました。

——小手調べみたいな感じでしょうか。

07
日本建築学会賞
一般社団法人日本建築学会が論文、作品、技術、業績などに与える賞。作品賞は国内に竣工した優れた建築を対象に毎年二―三件ほどが選ばれている。

飯田―受賞できればうれしいけど、皆目、見当がつかないという感じでした。何せ、それまで賞には全く縁がなかったですから。もちろん川上村林業総合センター自体、全力で向かった建築でしたから、その結果が評価されて本当に良かったです。

――最初の公共建築で学会賞を獲ってしまうというのも、なかなかすごいことです。

飯田―あの時、同時に学会賞作品賞を与えられたのが妹島和世さんと西沢立衛[08]さんのコンビと、柳澤孝彦さん[09]、武田光史[10]さんでした。武田さんのふれあいセンターいずみ[11]は、くまもとアートポリス[12]のプロジェクトとして建てられた木造建築です。地方で新しい木造をつくっていこうとするムーブメントがあのころ、起こっていたんだと思います。それまで、小さな公共施設を、僕らのような個人事務所が木造でつくるチャンスなんて、なかなかありませんでした。

――景気対策として、全国で公共建築がたくさん建てられた時期でもあるので、それでアトリエ系の事務所にも仕事が回ったんでしょう。

飯田―いや、僕自身はそういう実感はなかったですよ。景気が良かろうが悪かろうが、アトリエ系の建築家が公共建築に携われる機会はそうそうありません。僕たちの世代で最初に学会賞を受賞したのは湯澤正信[13]さんで、彼が長野県下伊那郡の浪合学校[14]で受賞しています。学校の場合、建築計画的な面が強いから、建築家が参画する余地

08 **西沢立衛**
建築家、横浜国立大学大学院Y-GSA教授（一九六六–）。代表作に「森山邸」「十和田市現代美術館」「豊島美術館」など。妹島和世との共同作品として「金沢21世紀美術館」「ルーヴル・ランス」などがある。

09 **柳澤孝彦**
建築家（一九三五–）。代表作に「真鶴町立中川一政美術館」「東京都現代美術館」「新国立劇場」など。

10 **武田光史**
建築家、日本工業大学教授（一九五〇–）。代表作に「ふれあいセンターいずみ」「尾鈴山蒸留所」など。

11 **ふれあいセンターいずみ**
熊本県泉村に一九九七年、竣工した建物。物産レストラン棟と会議室棟の二つからなる。設計者は武田光史＋ロゴス設計同人。

12 **くまもとアートポリス**
建築文化の向上を狙って熊本県が一九八八年から実施している事業。公共建築の設計者をコミッショナーが指名して定めるという制度により、著名だが寡作の建築家や有望な若手建築家に設計の機会を与えている。

13 **湯澤正信**
建築家、関東学院大学教授（一九四九–）。代表作に「浪合学校」「東京都大島支庁舎」「関東学院大学環境共生技術フロンティアセンター」など。

14 **浪合学校**
長野県浪合村、竣工一九八八年。小学校、中学校、保育園を一体として計画した施設。設計者は湯澤正信建築設計事務所。

が多少はあったのかもしれないけれど、僕が川上村の施設を設計させてもらえたのは、たまたまだったんです。

――そのチャンスを活かして、全力でデザインしようという意気込みが、この建物からは今も伝わってきます。

わずかだけれども、それが決定的な違いになる

――この建物ができて『新建築』[15]に発表された時に、飯田さんが書いた文章にすごく印象的なフレーズがあります。「建築というのは、始めでもなければ終わりでもない。途中なんだ」。このあたりを少し、説明してもらえますか。

飯田｜建築家にとって建築というのは最終的な成果物です。それが目標のように取られることが多いのですが、その意識が僕にはあまりないんです。それよりもむしろ、何かのための手段であり、何かをそこで実現するための方法であるという感覚が強い。林業総合センターという施設の場合は、森林をどうしたらいいかを話し合うとか、林業従事者の人たちが休憩する場所であるとか、森林組合の事務所だとか、目的があるわけです。僕らはそれを咀嚼しながら建築に置き換えていく。ただおそらく与件だけを実現してもダメですね。与件を読み解きながら、なおその先にもっと多様な可能性をイメージしていく必要があると思います。それが僕らの仕事であって、できあがっ

15
『新建築』
新建築社が発行する月刊の建築雑誌。一九二五年に創刊。

たものを人々が使い始めて、そこで企んだことがやっと生きてくるわけです。

――建物の完成で終わりではない、と。

飯田――むしろ一つのムーブメントの始まりです。けれども、この村の長い歴史にとっては、その一部分にこの建築が関わることに過ぎない。そういう意味で、途中なんですね。

――建築ができて、その後の使われ方については気になりますか。

飯田――すごく気になります。でも、どうしようもないことが多いですね。できて間もないころまではまだいいんです。川上村林業総合センターでも、展示の仕組みそのものをデザインした手前、「次の展示を考えましょう」とか、色々と注文も出しました。竣工して二、三年も経つと、どうしても疎遠になるんですね。展示だけではなく場所の使い方とか、そのあたりをもう少し考えてくれるといいのですが。もちろん、塗装のメンテナンスとか、空調設備についての相談とか、そうした関わりは続いています。

――使う側が自分たちで手を動かして完成させるような余地を、あえて残した設計にしているところもありますよね。

飯田――そうなんです。それを面白がってくれて、僕らが思いもよらなかったようなことをやってくれるといいと思っています。この建物も、林業のシンポジウムを開催したり、頑張ってはくれているんですけれどね。

――それを専任でできる人がいればいいのでしょうが。

飯田｜展示や運営を村は森林組合に任せているのですが、本当は村の住民から公募をするなどして、ふさわしい人に委ねられるといいのかもしれません。

――使い方の重要性は理解しますが、だとすると建築家による設計の意味はどんな点にあるのでしょうか。

飯田｜建築の難しいところでもあるんですが、与件を合理的につなげて建物をつくりさえすれば、建築家が頑張らなくても、必要とされる機能はだいたい果たしてしまうんですね。ではなぜ建築家はこんなに一生懸命やるのか、ということですが、やはり建築の質というのが、その後のアクテビティを左右するだろうと信じているからです。例えばこの建物に十年いたとすると、この建築から身体や意識が影響を受けます。それはプレファブの建物みたいなところにいた十年と、全く違うはず。それがひいては、社会にも作用していくだろう、そう信じているんですね。

――わずかな違いかもしれないけれども、こだわってつくることが効いてくると。

飯田―わずかだけれども、それが決定的な違いになるんです。

――それは飯田さんたちの世代に共通する考え方でしょうか。

飯田―どうでしょう？　共通しているかどうかはよくわかりません。僕自身は前に言ったように集団や組織をあまり信頼していないところがあって、基本的には個人というところに価値観を置いています。僕の少し上の世代も建築家は、個人をものすごく強く出して活動しました。でも世代的なのかどうか、個人が出てくる時の嫌らしさも知っていて、「こういうのは恥ずかしい」と、やめちゃうような感覚もあります。

――ジレンマを抱えているわけですね。

飯田―自分は何ができるのかと思い悩みながら、この村に建築をつくることによってどんなことが起きるのがいいのか、ということを必死になって考えているわけです。

――建築にはその力があると。

飯田―建築は空間だけではなくて、素材とか構造とか具体的なものが作用するわけで、そこが一番面白いところです。誰もがわかるし、経験できるわけですから。建築の歴史を見ていくと、抽象的な概念や理想から始まるわけですが、最後は具体的なものとして実現します。住宅だったらサヴォア邸[16]やファンズワース邸[17]といったマスター

16
サヴォア邸
ル・コルビュジエの設計により、フランスのパリ郊外に建てられた住宅。竣工一九三一年。

17
ファンズワース邸
ミース・ファン・デル・ローエの設計により、米国イリノイ州に建てられた住宅。竣工一九五一年。

ピースは、非常にはっきりとした考え方が建築というものになっている。それは一つの理想としてありますよね。建築は本来はものすごく複雑です。それをいかに単純にするか。

——飯田さんの建築は、単純さを意識しつつも、いつも最終的には単純にならないですよね。

飯田｜言い訳めいて聞こえるけれど、建築というのは、どうしても複雑になってしまうんですね。ちょっと修辞的ですが、いわば、複雑なものを複雑なまま、できるだけ単純に表現することができるといいと思っています。

——前回も触れましたが、対立するものが二つ同時に出てくるようなところが常にあります。川上村林業総合センターでも、閉じた箱と開いた箱が並んでいたり、木造であると同時に鉄骨が組み合わされていたり。

飯田｜そうですね。木を鉄みたいに扱うとかね。何でそうなのかというと、それは木造をできるだけ美しく表現することを考えていった結果です。木造はやはり弱いですから、階段とかブレースは大仰でみっともなく見える。それを鉄に置き換えると、シンプルな原型だけが見えてくる。A棟はそう考えてデザインしています。柱と天井だけに木が見える。

——意識してやっているんですか。

飯田―当然、意識はしています。それに結構好きなんですよね（笑）、こういう考え方やものの納まり方が。

――単純になり切らないというところが、面白いということなんでしょうね。

飯田―そうですね。概念を詰めるというよりも、どこかの時点で、概念を裏切って、もの自体の表現とか、ものとものの取り合いとかに興味が移っていってしまうところがある。

大きいものと小さいものを両立してやっていきたい

――今日は川上村に来る前に、九〇年代半ばの作品である新津組山梨営業所[18]と中野坂上サンブライトアネックス[19]も見て来ました。そのころの建築を見返すとどうですか。

飯田―建築の現れ方として、悪くはないなという感じはしました。一種の共通する美学もあるしね。質感とでも言うんでしょうか、今日、見た三つの建物で、それは揺らいでいないと思います。使っている材料とかはそれぞれに違いますが、そのさばき方みたいなことですね。

18
新津組山梨営業所
山梨県北杜市、竣工一九九六年。

19
中野坂上サンブライトアネックス
東京都中野区、竣工一九九六年。

――中野坂上サンブライトアネックスは大きな都市開発の中の商業ビルでした。

飯田｜あれが独立して初めて手がけた大きな建築です。中野坂上サンブライトビルは槇総合計画事務所が基本設計を担当したものを、OBたちが引き継いでやっていました。その一人が西田勝彦[20]さんでした。僕はそのころ、元倉さんと分かれて独立した時で、西麻布に事務所を借りたんですが、槇さんが設計した広尾の三菱銀行[21]をメインバンクにしていたんです。そこで偶然、西田さんに会って、「こういう仕事をやっているんだけれど、手伝わないか」と言われ、それで手伝うことになったんです（笑）。

――その銀行を使っていて良かったですね（笑）。もちろん、飯田さんを元々買っていたからでしょうけど。

飯田｜僕が元倉眞琴さんと一緒にやっていたのも、独立して、住宅を発表していたのも知っていて、それで声をかけてくださったんだろうと思います。西田さんと一緒にやっていた山本圭介さん[22]、堀啓二[23]さんたちのチームの下に入るかたちで関わって、山本さんたちは超高層ビルのほうの設計で手一杯でしたから、アネックスに関しては実質、僕が設計しました。

――本体は連結超高層のビルでした。

飯田｜構造設計はSDGです。SDGの渡辺邦夫[24]さんには、色々生意気なことも言っ

20 **西田勝彦**
建築家（一九四六－）。代表作に「中野坂上サンブライトツインビル」「昭和大学附属烏山病院」「ディ・ホーム玉川田園調布」など。

21 **三菱銀行広尾支店**
東京都港区、竣工一九八一年。

22 **山本圭介**
建築家、東京電機大学教授（一九四七－）。代表作に「福岡大学A棟」「大東文化大学板橋キャンパス」「東雲キャナルコートCODAN6街区」など。

23 **堀啓二**
建築家、共立女子大学教授（一九五七－）。山本圭介と山本・堀アーキテクツで共同。

24 **渡辺邦夫**
構造エンジニア（一九三九－）。構造設計集団〈SDG〉を主宰。構造設計を手がけた作品に「幕張メッセ」「東京国際フォーラム」「横浜港大さん橋国際客船ターミナル」など。

て、しかられたりもしましたが、貴重な体験をさせてもらいました。本当に若造でしたからね。三十代の後半でした。

——それまでの飯田さんの作品は住宅が中心でしたが、一九九〇年代の後半、こうした商業ビルや公共施設など、手がける建築の規模や種類が急速に広がっていきます。これは飯田さんも望んでいたことですか。

飯田——もちろん、望んでいたことです。僕は谷口吉生さんのところで二十代の後半に資生堂アートハウスと金沢市立図書館の二つを経験しましたから、大きい建築をやりたいという願望は常にありました。坂本龍馬記念館[25]を皮切りに、機会を見つけては、コンペにも応募していたのです。でも、なかなかチャンスに巡り合いませんでしたね。そんななかで中野坂上のプロジェクトに関われて、一つ突破できた感じはありました。この仕事をやる時に、大きいものに対しての恐れは全くなく、「やっとできるようになった」という感じです。

——免疫があったということですね。

飯田——一方で住宅もきちんとやり続けていきたいとも思っていました。個人が生活する場を設計するというのは、僕にとって非常に大事なことなんです。大きいものと小さいものを両立してやっていこうという感覚は最初から現在に至るまで、ずっとあります。

25
坂本龍馬記念館
一九八八年に実施された設計者選定コンペでは、高橋晶子（ワークステーション）の案が一等となり、一九九一年に竣工している。

26
名古屋大学野依記念館
二〇〇一年に野依良治がノーベル化学賞を受賞したことを記念して、名古屋大学東山キャンパス内に建設。学術交流館（写真右）と物質科学研究館（左）の二棟からなる。竣工二〇〇三年。
Projects p.022
Presentation p.002

ようやく勝ち取った名古屋大学のコンペ

――コンペやプロポーザルで仕事を取ることが次第に増えていきますね。

飯田｜オープンのコンペで初めて一等を獲ったのは名古屋大学の野依記念館[26]です。その前に東村立新富弘美術館[27]のコンペで二等になって、すごく悔しい思いをしました。コンペへの参加はその前からありましたが、「何とか獲れるかもしれない」という感覚をつかんだのは新富弘美術館が最初だったんです。審査委員長は伊東豊雄さん、ほかに山本理顕さんや隈研吾さんもいましたね。

――あのコンペではヨコミゾマコト[28]さんが一等を獲りました。

飯田｜公開審査でしたから、僕は審査の経過をずっと横で聞いていたわけです。こちらからは口を挟めないし、あれは辛かったな（笑）。途中からヨコミゾ案に傾いていくわけです。ヨコミゾさんは壁の模型を原寸大でつくって、そこに絵を掛けて見せたんですよ。富弘さんの絵は小さいので、曲面の壁でも大丈夫なんだと。美術関係の審査員はそれでヨコミゾ案の曲面壁を了解してしまって、その時に「もうダメだ」と思いました。

――プレゼンテーションがうまかったんですね。

27
東村立新富弘美術館
二〇〇一年に実施された設計者選定コンペでは、ヨコミゾマコトの案が一等となり、二〇〇五年に竣工している。このコンペで飯田案は次点となった。
📖 Presentation p.001

28
ヨコミゾマコト
建築家（一九六二―）、東京藝術大学准教授。代表作に「TEM」「富弘美術館」「NYH」など。

飯田｜僕の案のほうが良かったと、今でも思いますけどね（笑）。あの美術館の計画は、古くなったから建て替えるのではなく、来館者が多過ぎて入り切らないから建て替えるというものでした。滞在人口がピークには三千人くらいになります。この人数をスムーズに流すために、美術館に入った人が滞りにくい単純な動線とするとともに、お土産だけ買って帰る人のためのカフェとミュージアムショップを別棟としてつくりました。それから、この建物はロードサイドショップのような建物ではなく教会のような建物であるべきだ、という話もしましたが、伝わりませんでしたね。

――自信があっただけに、悔しかったんですね。

飯田｜後で、伊東さんによる審査評を読んだら、僕の提案は、訪れた人が建築の存在を感じることなく通過してしまうだろう、というようなことが書かれていて、それこそが、つまり建築を消すことが、僕がやりたかったことだったので、ちょっと複雑でした。二等に選ばれて、壇上で百万円をもらったのですが、ぜんぜんうれしくなかったですね。担当していた所員は泣きながら悔しがってました。

――その後に名古屋大学のコンペがあったんですね。

飯田｜名古屋大学のコンペは、日本建築学会賞をもらっていて文科省に登録している建築家というのが参加資格でした。僕は北山恒さんから頼まれて、横浜国立大学の図書館の基本設計を一緒にやったんですが、その流れで仕事が来るかもしれないからと言われて文科省に登録、それで僕のところにもコンペの参加案内が来ました。二十五人くらいに声をかけたようですね。

──参加資格からすると、名だたる建築家が参加したのでしょうね。

飯田─そう聞いています。それで勝てたのでうれしかったですね。総工費が三十億円とも聞いたから、これで二年は暮らせるとも思ったのですが、聞いてみると設計料は約四千万円。実施設計までで設計監理はできないということでした。

──それは厳しいですね。

飯田─一瞬迷いましたが、構造と設備の設計者に相談したらやりましょう、と言ってくれたので、設計を受けました。しかもスケジュールが極端に短い。五月の初めに契約をして、八月までに実施設計を終えてくれと。

──ありえない。

飯田─プログラムも大体しか決まっていなかったんですよ。愕然としましたが、大学内に委員会を立ち上げて、そこで決定できる仕組みをつくってもらい、結局十月までかかりましたけれど、なんとかまとめました。もうアドレナリンが出まくり（笑）。ものすごい集中力で進めたプロジェクトでした。

──野依記念学術交流館はレクチャーホールと研究者のための住居が垂直に重ねられていて、とてもユニークなプログラムになっています。

飯田─ほかにないですよね。

──設計監理はどうしたのでしょうか。

飯田─前例がないからと断られ続けましたが、粘りに粘って、なんとか契約にこぎつけました。もちろん、お金は充分ではないですが、契約したことで、施工図の承認の権限などが得られる。これが重要なんですね。二つの建築にそれぞれ担当者を常駐させ、結局、最後は家具や備品の選定まですべてやらせてもらえました。国立大学の仕組みは基本設計を施設部が行い、実施設計を公募、監理をまた施設部がやる、これが基本です。つまり一貫して誰も責任を取りません。実施設計はほとんど中堅の組織事務所が割り切って引き受ける、そのパターンを壊すことができたのが大きいですね。

──名古屋大学の後、ほかの大学でもいくつか設計をしていますね。

飯田─龍谷大学深草キャンパス修景計画[29]や横浜市立大学交流プラザ（共同利用センター）[30]ですね。龍谷大学では、敷地いっぱいに講義室群が完成した後の、残った中央の中庭を整備する計画で、設計者が公募されました。僕は単なる修景ではなく、大学そのものの問題ととらえ、アクティビティの整理と、新しい大学のイメージを提案

29
龍谷大学深草キャンパス修景計画
京都府京都市、竣工二〇〇六年。
Projects p.040
Presentation p.009

30
横浜市立大学交流プラザ（共同利用センター）
神奈川県横浜市、竣工二〇〇四年。

し、採用されました。八年前になります。その後、最初に建てた施設そのものが老朽化し、手を入れる構想のもとに計画された新1号館[31]の指名コンペでも一等を獲りました。参加者は四社で、僕ら以外は大手を含めた組織設計事務所です。龍谷大学は深草のキャンパスを四十年くらいかけてずっとつくってきて、これからの長期計画を任せる設計事務所を決めたいとのことでした。課題として五十年後のキャンパスのイメージが求められましたが、五十年後の大学キャンパスをパースで描いても、お金のかけ方が桁外れの大手事務所に負けるだろうと考え、思い切って四畳半くらいの大きな模型をつくりました。キャンパスの周辺も入れた街の模型です。大学に部屋を一つ借りて、そこで組み立てて、プレゼンの後に審査委員に見に来てもらいました。僅差のところで大手事務所を破って、僕らの案が一等になったようです。

――その前にも、沖縄県看護研修センター[32]、京都府立新総合資料館[33]など、注目のコンペ、プロポーザルを獲っています。

飯田｜僕らは仕事が途切れそうになると、何とかコンペが獲れて生き延びるという感じです。一年に二十件以上のコンペに参加していますけれど、仕事があるうちには、どういうわけか、参加してもコンペで勝てない（笑）。仕事がなくなりかけて「本当に獲らないと大変だな」という時になって、ようやく獲れる。その繰り返しです。だから沖縄県看護研修センターで勝てて、続けて京都府立新総合資料館でも勝てたのは奇跡的です。そんなに簡単にコンペを獲っているのではない、それは強調しておきたいです（笑）。

31
龍谷大学新1号館
京都府京都市、二〇一五年竣工予定。
Projects p.044

32
沖縄県看護研修センター
沖縄県島尻郡、竣工二〇一三年。
Projects p.084
Presentation p.025

33
京都府立新総合資料館（仮称）
京都府京都市、二〇一五年竣工予定。
Projects p.092
Presentation pp.034, 035

《柱材提供者より一言》

林業センターに寄付したカラマツ

梓山　関　初恵

あのカラマツは、昭和十年に他界した祖祖父が祖祖母と共に育てた林の中の十本余りである。明るい秋の陽に照らされて、まだみずみずしい切り株を巡って、お米とお酒を手向けながら私は、急な斜面を登り下りして思った。この木は、明治の終わりか大正の始めに植えたものだろうから祖祖父母はむろん、徒（かち）で苗を背中にしょってここまで来たんだろう。植林、下刈、補植、つる切り。この大木が一人立ちするまでに先祖はいったい何度ここへ足を運んだんだろう。車でやって来る私たちとはわけが違う。植えた人の労苦に応えて、みごとな大樹となったこの木にも耐えがたい雨や風の日々があったことだろう。切り株を残してポカンと隙間の出来た林の一画に立って「切らなければよかったかな」の後悔も心をよぎる。

《柱材伐採者より一言》

森林組合伐採班の第一人者である田村孝幸さんは、今回の大仕事について感慨深げにこう呟いた。

「１０数年ぶりにこんな大きな木の伐採をしたけれど、いやーなんとも言えなかったね。見ていた子供たちの歓声にもまた何とも言えない程感動したね。この木が、俺たちの林業センターで生き続けてくれると思うと本当に嬉しいね。いい仕事をさせてもらったよ。」

目を輝かせて語る彼の声に、また一つ林業センターによせる大きな期待と希望を見つけた。

“森林に還ろう！！”

千曲川源流に位置する川上村は、農業立村として全国にその名を馳せていますが、かつては「森林王国」「カラマツの郷土」として経済的な柱となり、今日の営農基盤の礎ともなってきました。そして森林は、経済だけに限らず常に私達の生活の根源でもあったのです。いま、貨幣利益のみを追求した結果の放置された森林の叫びを、ここに暮らす我々は勿論、川上村を訪れる村外の方々にも聞いてもらうため林業総合センターは設置されます、

森林、川、海の自然環境はそれぞれが分離されたものでなく、一体となって人間はもとよりあらゆる生物に恵みを与えてくれます。農、林、漁業に携わる人々もまた一体であるべきと思います。森林の乱伐によって生態系に変化をきたし、魚介類の減少という憂き目にあった沿岸漁民達が林業家と一緒になって植樹をしている事例が最近聞かれます。「農林業は生命維持産業である。」と位置づけてその基本である森林に還ることがこれからの私たちの使命であると考えます。

・建築私日記・

九月十七日／林業展示の内容の検討のため、村のご老人からお話を伺う。／落葉松の種子を包み込んでいる毬果、まつぼっくりのことを川上では「カラマツ団子」という。採種解禁の前日にはそれぞれが山を歩き回り、一番多くカラマツ団子をつけた木に目星を付けておく。当日は合図のもと一斉に走り出し、お目当ての木に抱きつく。その木のカラマツ団子は全て、最初に抱きついた彼のものとなる。枝を打ち落とし家族総出でそれをもぎ取ったそうだ。／「抱きつく」という言いようが何となく心に残った。親しくなければ抱きつけない。木とご老人達との近しさを羨む。

十月九日／林業センターのために伐採したばかりの落葉松の丸太を見に、梓山へ向かう。／その周りは「母樹林」という。種子を採るとされた落葉松は、幹の根に近い辺りに深く傷つけられているからすぐに見分けがつくそうだ。環状剥皮という。そうなるほど見回すとそんな傷の付いた、しかし親木に見込まれるほど立派な様子の落葉松が、何本も見える。適期にこのような傷を付けられると、落葉松は自分の子孫を残さねばと考えるのか、より多くの種子をつけるそうだ。／さて本題の丸太は十数本、７ｍを超える長さのまま積み上げられている。皆、思い思いに見て、口々に言う。「これは４丁とれますね。いや２丁かな。」「ヤニが少ないですね。」「さすが川上の落葉松だ。これなら狂わない。」／ここの落葉松はしなやかな立ち姿の白樺に囲まれている。その隣で剛健に立つ落葉松をますます頼もしく見る。（あ）

さぎ積み本棚　その１

「よあけ」

著　者：ユリー　シュルビッツ

発行所：福音館書店

定　価：９８０円

ものごころがつきはじめた頃、欧米人と日本人の自然観は違うものだと理解していた。ちょうどその時分に、この本と出会ったので驚きは新鮮だった。自然と対立せず、自然のリズムの中に生きる老漁夫とその孫。ヨーロッパにもこういう世界があったのか。すっかり嬉しくなって、アルプスが見える朝霧の巻く近くのダム湖へ毛布と酒瓶を持って泊まりに出掛けた。

漁に出るような湖こそないが、この絵本の風景は川上の夜明けを彷彿させるものがある。夜中から箱詰めに追われる生活では、夜が白々と明ける風景などに見とれる余裕もないだろうが、ご先祖様は畑を耕し、山へ行き、毎日こんな風景の中で暮らしていたに違いない。

ここには農業の時間と違う流れがある。森林とともに、自然のリズムのなかに生きる。昔、山村が持っていた時間の流れだ。野菜だけではつまらない。「林業センター」が、もう一つの時間を刻める空間になることを願う。（に）

編集後記

「森林のたより」は林業センター建設の流れに沿いながら発行していきます。

役場内村民ホールに模型がありますので是非御覧になり今後の展示活動、広報活動に御協力をお願いいたします。

川上村林業総合センター 新聞「森林のたより」vol.1

川上村林業総合センター 森の交流館の設計に際しては、施設を一般の人に向けて知らせる様々な広報資料を飯田善彦建築工房が制作した。「森林のたより」は工事中に村の住民に配布したニューズレターで、完成までに3号を発行し、村の全住戸に配布した。

川上村林業総合センターNEWSLETTER
VOL. 1
96. 11

森林《もり》のたより

発行　長野県南佐久郡川上村大深山525　川上村役場産業課　　編集　長野県南佐久郡川上村大深山542　南佐久南部森林組合

林業センター？

■村役場の隣で、数年前から構想されてきた(仮称)川上村林業総合センターの工事が進んでいる。
■昨年から設計をお願いしている㈱飯田善彦建築工房の飯田善彦氏にお話を伺った。

ーこの度の林業センターは、まず、どのようなことをお考えになって設計されましたか？

初めて敷地を見に来て思ったことは、この役場エリア全体が、林業センターができることで発展していくように、将来を考えて設計しなければならない、ということと、その中で林業センターに与えられた旧役場跡とその北側に広がる細長い後背地という変則的な敷地に、構想された諸室をどのように配置するのが良いだろうか、ということです。

ーその結果が、様々な用途の各室を２つの棟に分け、入口部分でつなげていくという形になったわけですね。

そうです。１棟は、主に川上村の林業と森林について学び、森林の未来について考えていく空間で、軽食コーナーも入ります。ここは、村民の方々や村を訪れた方にどんどん入って楽しんでいただき、この林業センターにも様々な形で関わってきていただきたいという考えから、屋外テラスと一帯になったガラス張の明るく開放的な空間としています。もう一棟は、主に林業従事者の拠点となる休憩室と森林組合の事務室、研修室が入るので、落ち着きのある、落葉松に包まれた空間としています。
そして村役場との繋がりを持たせるよう、からまつボードウォークを村役場側へのばしています。

ー林業センターということで、木材の使い方については、どのように、お考えですか？

大きく分けると、川上の特産であるカラマツを様々な形で見せていくことと、広く木材全般の使い方や木構造について新しい考え方を示すことの２点です。

ーありがとうございました。また引き続き次号でもお話を聞かせてください。

先日、「林業センター」で使われる柱材の伐採作業が村内で行われた。合計60本余り。いずれも60年生以上で直径も40ｃｍを越えたものばかりだ。これらは、「おらほのカラマツで建物を建てよう」という役場の呼び掛けに、村内の所有者の皆さんが無償で提供してくれたものだ。

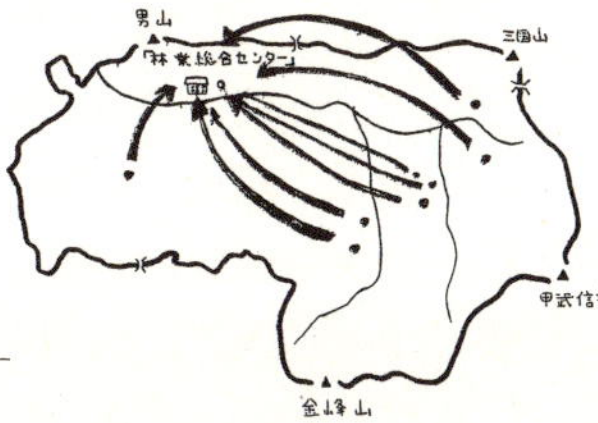

実は大勢から有りがたい申し出があったのだが、搬出コストのこともある。伐採を受け持つ森林組合が現場を歩いて、結局８人の山から材を切り出すことになった。
梓山の関さんの伐採現場には村の小学生が招かれた。ここの木は大正７年に先代によって植えられたから、今年で７８年になる。武彦さんの代になってからも、「間伐の講習会をやったり、林務課の衆がやってきては、調査をして行った」ところだ。子供たちは、その木が倒される音を、そして地響きをまず体で感じる。それから、森の働きや、村のカラマツの歴史を学んだ。
伐採されたカラマツは駒ヶ根に運ばれ製材される。その後、穂高の乾燥機にかけられ、ヤニや狂いが止められる。そうして、建物の柱になって再び村に帰ってくる。
それを子供たちも今から楽しみにしている。この材で出来た「センター」の建設をきっかけに、カラマツの良さが見直されることを関係者は願っている。

川上村林業総合センター「森の交流館」へようこそ。

まず、この〈天カラの幹〉をご覧下さい。この幹は、「千曲川源流の森」から切り出された、天然のカラ松で、樹齢は90年程です。自然に落ちた種子から自生したカラ松を「天カラ」（天然カラ松）と呼びます。川上村には、300年を越す天然のカラ松が生えていますので、このカラ松は、天カラの中では、まだ若い木といえるでしょう。川上村はつい数十年前まで　天カラから種子を採集し　苗木を育て　日本全国、ヨーロッパにまで出荷していました。

右手に見えますのが、カラ松せいろ倉積み壁です。これは浅間国有林の85年生カラ松の、幹の芯の部分を使っています。この積み方は、川上村に古くからある「せいろ倉」を模しています。ログハウスの積み方に似ていますが、交差する木の断面が飛び出ないのが特徴です。

今歩いているからまつボードウォークのデッキ材は川上村で50年程前に植林されたカラ松です。デッキ材は、雨を受け、太陽に照らされて、人に踏まれてと厳しい条件に耐えなければなりませんので、防腐剤を加圧注入されて、更に木材保護の塗装が施されました。

その先に、黒く塗られた壁が見えます。これは、南京下見板という、昔の小学校でよく見られた形状の外壁です。材は40 ～ 50年生の川上産のカラ松です。今回の南京下見板は、厚いところで21mmの厚みがあるので、壁に規則的な深い影を落としています。又、屋根と壁の取り合う部分がガラス面となっています。このような屋根が壁から切り離されたように見える意匠は、川上村の「せいろ倉」のイメージを踏襲しました。

風除室の自動ドアは、300年生、川上村自慢の天然カラ松です（片面のみ）風除室をくぐり、エントランスホールから、展示室の方へどうぞ。

こちらのガラス張りの棟を展示棟と呼んでいます。展示室に並ぶテーブルとパネルの説明は他に譲りまして、まず床をご覧下さい。これは、カラ松のムクのフローリングにWPC加工 Wood and Plastics Combination、といって、カラ松の表面層にプラスチックの樹脂液を注入して、材内で硬化させる加工がされています。この床は普段は土足で使われ、冬期は床暖房が入るという、木のフローリングにとっては大変厳しい条件ですが、この加工をすればそのような仕様にも耐えることができます。建築材としてのカラ松は、一般的に「暴れやすい木」とされていますが、樹齢を重ねるにつれて、だんだん安定してくると言われています。それでも、この条件の下でカラ松をムクのフローリングとして使うことは実験的な試みでしたので、材は川上村300年生の天カラ（化粧材にできなかった部分）と浅間の112年生の人工林材を使用し、細幅の乱尺貼にしました。

さて、今度は柱に注目して下さい。展示棟は、全く同じ大きさの柱36本に支えられています。このバウムクーヘンのような柱材はLVL、Laminated Veneer Lumberといいます。吹抜の方へ出て、トップライト（天窓）の部分をご覧下さい。柱と柱をつなぐ梁にも、同じLVLを見ることが出来ます。柱と梁を結合するスチールのプレートは、全く隠されています。LVLは材木を3mm程の板にスライスしたものを、接着剤で貼り付けた建材です。大変強度が高く、また小さな木からも大きな材がつくれるので、資源活用の面からも注目を集めています。カラ松のLVLはまだ実験段階で、今回の利用には間に合いませんでしたが、豊富なカラ松資源をもつ長野県内では、実用化が待たれています。この柱の2面には、川上村の300年生の天カラを2mmにスライスしたものを貼りました。天カラは日に日に赤さを増して、味わい深くなってきています。

階段を上りましょう。足元の段板は、カラ松の集成材です。材料は38年生の川上産です。集成材もLVLと同じように、木材を細く切ったものを貼り合わせた材料なので、小さな木からも大きな材料がつくれ、又、強度の高さも色々なところで実証されています。吹き抜けに広がる天井は、カラ松練付合板です。5.5mmの合板に0.5mmのカラ松を貼っている化粧合板です。化粧合板は0.25mm程の厚さを貼ることも多いのですが、今回は0.5mmの厚さを貼りましたので、カラ松本来の赤味がしっかりと出てきています。このカラ松材は112年生の人工林材の板目です。通常カラ松の練付合板といえば、天カラを使いますが、カラ松は、一度枝を落とすとそこからは新しい枝をのばさない性質を持つので、このように112年も経ると、人工林材のカラ松でも根本の方に節のない部分ができ、十分に美しい化粧合板となることを証明しています。この天井面は内外共に1本のカラ松からつくられた練付合板です。

この踊り場からこの棟をみていただければ分かると思うのですが、展示棟は、床・柱・天井の天カラ・カラ松の美しさを訪れる方々に堪能していただくことに主眼をおいているので、その他のものは、なるべくそれを引き立てるように考えられています。例えば、照明器具は、カラ松の板目材に化粧された18m×18mの大きな天井面も、吹き抜けに建つ柱のすっきりとした佇まいも、妨げることなく宙を飛んでいます。カラ松集成材の階段の段板が少し塗装されているのも、床・柱・天井以外のカラ松は、引き立て役にまわってもらうためです。階段や2階の床を支える鉄骨の構造材は、なるべくLVLと絡み合わないようなディテールが検討されています。又、屋内外を分けるガラス面は、天井面の広がりも、36本の柱の整然とした規則性も妨げないよう、なるべく細く見える枠の形状や天井との接し方に気を使ってあります。

さて、2階に上がりまして、天カラ柾目の美しいテーブルで、または屋外デッキで、ガラス越しに、又は間近に、カラ松林に覆われた山々を改めて眺めながら、一休みして下さい。

収録説明文より抜粋

森林の交流館　建築案内

Kawakami Forest Club

来場者に配布するパンフレット「森の交流館　建築案内」では、建物の部位ごとに使用した木材のことを詳しく解説している。

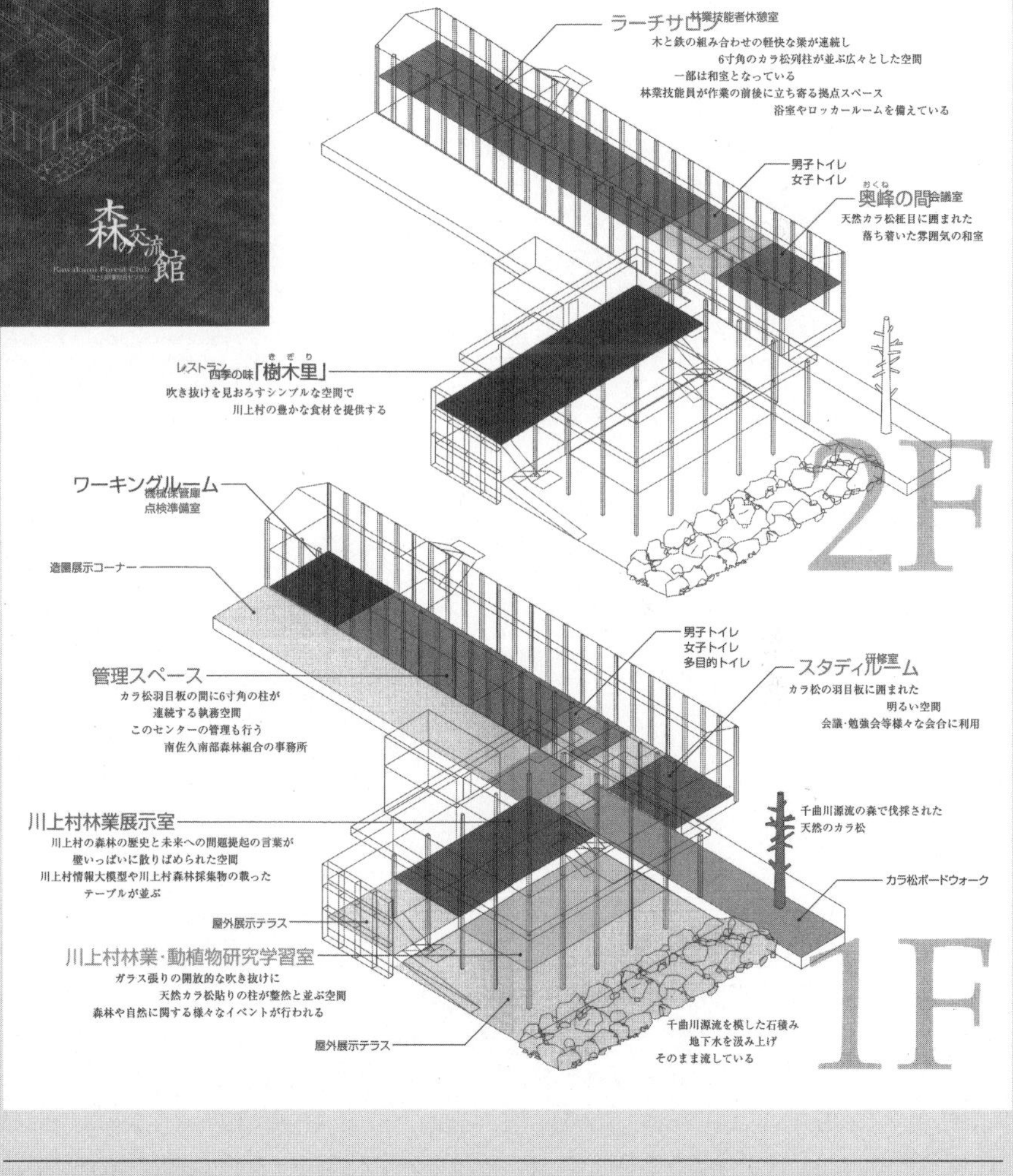

ラーチサロン 林業技能者休憩室
木と鉄の組み合わせの軽快な梁が連続し
6寸角のカラ松列柱が並ぶ広々とした空間
一部は和室となっている
林業技能員が作業の前後に立ち寄る拠点スペース
浴室やロッカールームを備えている
男子トイレ
女子トイレ
奥峰《おくね》の間 会議室
天然カラ松柾目に囲まれた
落ち着いた雰囲気の和室
レストラン 四季の味「樹木里《きぎり》」
吹き抜けを見おろすシンプルな空間で
川上村の豊かな食材を提供する
2F
ワーキングルーム
機械保管庫
点検準備室
造園展示コーナー
管理スペース
カラ松羽目板の間に6寸角の柱が
連続する執務空間
このセンターの管理も行う
南佐久南部森林組合の事務所
男子トイレ
女子トイレ
多目的トイレ
スタディルーム 研修室
カラ松の羽目板に囲まれた
明るい空間
会議・勉強会等様々な会合に利用
川上村林業展示室
川上村の森林の歴史と未来への問題提起の言葉が
壁いっぱいに散りばめられた空間
川上村情報大模型や川上村森林採集物の載った
テーブルが並ぶ
千曲川源流の森で伐採された
天然のカラ松
カラ松ボードウォーク
屋外展示テラス
川上村林業・動植物研究学習室
ガラス張りの開放的な吹き抜けに
天然カラ松貼りの柱が整然と並ぶ空間
森林や自然に関する様々なイベントが行われる
千曲川源流を模した石積み
地下水を汲み上げ
そのまま流している
屋外展示テラス
1F

表紙（上）と各室紹介（下）

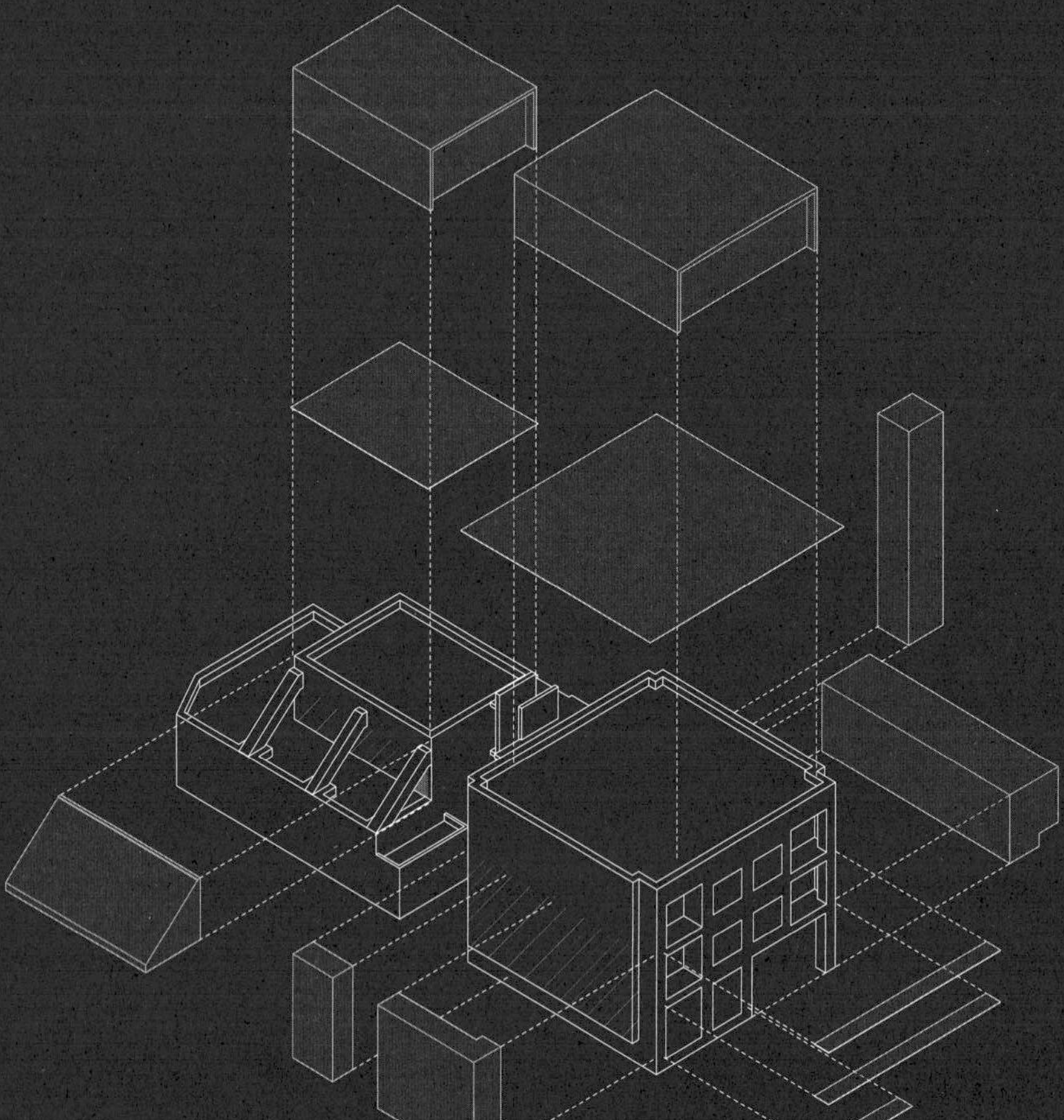

ヴィラ・ヴィスタ（2007年）　コンセプト・アイソメ図

Session 3

工場からマンションまで、
様々な建築への挑戦

3回目のインタビューは主に2000年代以降の活動について語ってもらう。船着場や工場建屋といった従来であれば匿名性の強い建物を設計したり、大手デベロッパーのマンションや住宅団地の建て替えに関わったりと、仕事の幅を大きく広げたのがこの時期だ。いずれの計画でも、常識にとらわれずビルディングタイプをもう一度つくり直そうとする建築家の試みが見て取れる。

2013年6月5日@アーキシップ・ライブラリー＆カフェ　聞き手:磯達雄

——前回のインタビューで訪問した川上村林業総合センター森の交流館が完成したのは一九九五年です。その年には阪神淡路大震災もありました。あの震災を、飯田さんはどうとらえましたか。

飯田｜あの日はちょうど出張があって、朝六時にテレビをつけたら、ニュースでどこかのビルの屋上固定カメラが大阪の街を映していました。クレーンが倒れているのが見えて、「これはとんでもないことになっている」と思いながら、出かけました。昼食の時にまたテレビを見たら、高速道路が倒れて、火が出ているという映像で、衝撃でしたね。同じ年に地下鉄サリン事件もありました。中野坂上サンブライトアネックスの仕事をしていた時期で、中野坂上駅でもサリンの被害者が出ましたから、驚いてスタッフと連絡を取ろうとしたけれど、なかなか取れなくてやきもきしました。この二つに共通するのは、大都市の只中で起きた災害や事件だったということです。そのことに対する見えざる恐怖は感じました。ただ何か現実離れしたような感覚でとらえていたところもあります。

——飯田さんの建築に、直接的に影響を与えたということはなかったわけですね。二〇一一年の東日本大震災の時はどうでしたか。

飯田｜東日本大震災の時は全く違っていて、色々な意味で関わりがありました。自分が設計した病院（077頁参照）が被災したということもあります。津波の痕を自分の建築で見ましたから、ショックの度合いが違いました。それをきっかけに仮設住宅の建設にも携わろうとしました。熊本の小国でオグニットハウス[01]という五百万円で建

01
オグニットハウス
熊本県小国市、モデルハウス竣工二〇一〇年。

てられる住宅というのをちょうど開発したところだったので、それを被災地に持って行けないかと全力で自分のネットワークを必死に駆け回りましたが、全然、うまくいかなかったですね。

――二つの震災に対するとらえ方の違いというのは、どういうところからですか。災害自体が違っていたからなのか、それとも十五年間の間に飯田さんの社会的な位置が変わったからなのか。

飯田｜そう問われれば後者の理由が大きいと思います。川上村で初めて公共施設を手がけて、村の人たちのために仕事をするという感覚が育まれたのかもしれません。神戸の震災の時には、そういう自覚がまだ確たるものとして自分の中に生まれてなかったのでしょうね。

――当時の建築デザインの潮流みたいなものを振り返ってみると、九〇年代の中盤まではポストモダンの残り香みたいなものがあり、あるいはデコンストラクティビズムみたいなものもあったのですが、阪神淡路大震災を境に、そういうものが全部消えていった記憶があります。

飯田｜東京にピーター・アイゼンマン02が設計したビルがありましたよね。地震に遭ったがごときデザインの。

――あれはアイゼンマン自身が、地震がテーマだと言っていました。

02
ピーター・アイゼンマン
米国の建築家（一九三二－）。代表作に「オハイオ州立大学ウェクスナー芸術センター」「グレイター・コロンバス会議センター」「ホロコースト記念碑」など。

飯田―それが現実に起きてしまったわけだから、デコンと呼ばれた建築にはすごい逆風となりましたよね。

――飯田さんご本人は、デコンのような建築とは距離を置いていたので、影響はなかったということでしょうか。

飯田―デコンやポストモダンという建築デザインは、割とバブルと結びついていたように思いますね。そういう意味では僕はバブルともあまり縁がなかったんですね。バブルの終わりごろに、実施設計までやったプロジェクトが突然、中断になったということはありましたが、バブルになって仕事が増えたとか、そういう恩恵はなぜかほとんど受けませんでした。

――川上村林業総合センターの後、公共建築としては北総花の丘公園花と緑の文化館を手がけていますね。

飯田―僕らが設計した中野坂上サンブライトアネックスのクライアントが住宅・都市整備公団[03]でした。事務所を横浜に移すのを期に挨拶に行ったら、千葉ニュータウンの関係者を紹介してくれて、計画中のこの建物について話を聞く機会をつくってくれたんです。いくつかの設計事務所に提案をつくらせる、とのことでした。後日、僕も実現したものと違う案でしたが、持って行って話をしたら、興味をもってくれて、それで設計することになったんです。ちょうど引っ越した日に、仕事が決まったという

03
住宅・都市整備公団
日本住宅公団、宅地開発公団の業務を継承して一九八一年に創立。一九九九年に改組して都市基盤整備公団、二〇〇四年にさらに改組してUR都市機構となっている。

連絡があって、横浜は幸運の地かなと思いました（笑）。

——温室に展示やイベントの機能が組み合わさっていますね。

飯田｜園芸を中心とした施設ではありますが、近隣住人のための自主活動の拠点ともなっています。千葉ニュータウンにはそうしたサークルがたくさんあるんですね。その活動を引き受けられる施設にしています。それから公園の管理事務所やレストランも入れたいということだったので、そうした複数の機能とランドスケープを一体化することを考えて設計しました。

——このクロワッサン状の地形は、元々あったんですか。

飯田｜僕たちが関わる前に、既に造成が終わっていました。このマウンドに、建物の裏側的な機能を色々と埋め込んでいます。それから公園内の様々な道が、この施設の中や脇を通り抜けるようにしました。公園ではランニングを楽しむ人がたくさんいるので、そういう人たちにも、この施設の活動が横目で眺められるようにと考えました。

——構造設計は川上村林業総合センターに続いて今川憲英さんが担当でした。構造的にも面白いことをやったようですね。

飯田｜中央に常温温室を置き、そこに様々な棟が差し込まれたプランです。二階にあ

北総花の丘公園　花と緑の文化館（模型）

るリング状のデッキが各棟をつなぐことで、エキスパンションを取らずに済んだというのが、構造的には一つの成功でしたね。それによってディテールがだいぶ楽になっています。

——色々なところにアイディアが仕込まれていますね。

飯田―温室の柱はすべてGコラムで、上部の立体トラスを支えています。トラスは二メートルの高さがあります。屋根は全面ガラスで覆い、FRPのグレーチングを天井に使って、内部を作業スペースとして使えるようにしています。ガラス屋根はほとんど平らにし、柱の内部に縦樋、頂部にドレインを仕込むという荒業を考え出しました。八十ミリ角のグレーチングは歩いても踏み外さないし、適当なところで植物を吊ることもできるんです。また、グリッドに合わせて照明もつくってあるので、必要な場所に移動することもできるんです。細部までとことん考え抜きましたね。僕が設計した建物で一番、工夫を重ねているかもしれません。

——これで学会賞を獲るはずだった（笑）。

飯田―はい。獲るはずだったのです（笑）。

——今見ても、新鮮なデザインです。

飯田―つくるプロセスも工夫しています。大きな模型をつくって、千葉ニュータウンの駅[04]に置いてもらいました。住民に自分たちの施設として認識してもらいたいと考えたわけです。大半の設計者は発注者のために仕事をしている意識なのでしょうけれども、僕にはそういう意識が薄くて、目の前の発注者に了解してもらいながら、その向こう側にいる使用者のことを二重写しに見ている感じがいつもあります。

――川上村林業総合センターでも設計中から新聞（061頁参照）の発行を通して、村の人たちにプロジェクトの広報をしていましたよね。

飯田―川上村での経験が自分にとって大きかったですね。建築のデザインだけを考えていたほうが面倒がないのかもしれないけれど、自分のやりたいことをやるためには、プロセスの中で色々なことをしなければなりません。純粋に「これがいいんだ」と言っても、先に進めないことがたくさんあるんです。そういうことは学習しましたね。

――それもまた建築家として重要な能力なんでしょうね。

飯田―そうですね。それが巧まずしてできないといけないということでしょうね。

工場のビルディングタイプを考え直す

04
千葉ニュータウン中央駅での模型展示

——二〇〇〇年代に入ると、様々な種類の建築を設計するようになりますね。

飯田｜ピア赤レンガ[05]は横浜港の交通であるシーバスを運行している会社が、新しい浮き桟橋の乗り場をつくるというので、それをデザインしたものです。

——横浜の赤レンガ倉庫のすぐ近くで、人の目が集まる場所ですよね。

飯田｜横浜港大さん橋国際客船ターミナル[06]から、みなとみらいの風景を眺める時に必ず目に入る場所です。だから建築そのものはできる限り目立たないようにしようと思い、船のようにつくることを思い立ちました。船台をこの場所に持って来てから建築をつくる時間的な余裕がないので、ドックで一緒につくることにして、鉄板を曲げてつくっています。

——船をつくる技術を用いたわけですね。

飯田｜鶴見の造船所でこれをつくって、海の上を曳航してここにつなぎました。

——外側のチューブがそのまま構造になっているんですね。内装もドックで工事したんですか。

飯田｜そうです。まさしく船をつくるように製作しています。こんな機会もめったにありません。昔の客船はチークで内装をつくっていますが、それは高くて使えません。

05
ピア赤レンガ（模型）
033頁参照。

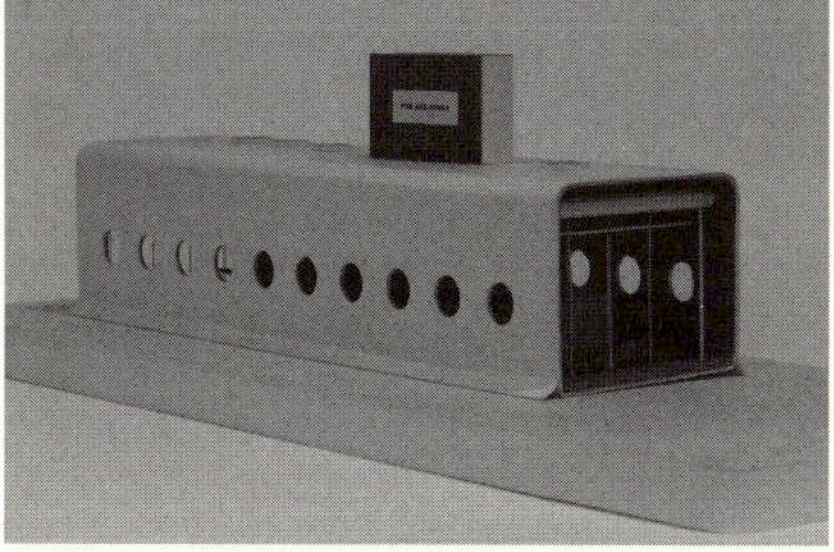

06
横浜港大さん橋国際客船ターミナル
横浜市中区、竣工二〇〇二年、設計：foa（ファーシッド・ムサビ&アレハンドロ・ザエラ・ポロ）。

安くて強い木を探して、仕上げました。

——できあがった建物を見てどう思いましたか。

飯田—バス停みたいなもので、地元横浜や、観光客の人たちが日常的に使う施設です。こういう仕事を頼まれて、ようやく横浜に根付くことができた気がして、ものすごくうれしかったですね。

——写真にも撮られますよね。

飯田—巨大客船が横浜に寄港する時[07]、新聞記事になって写真が載るのですが、その時にこれがチラッと写っているんです。目立たないけれども、きちんと考えてつくられている。建築の一つの理想が、こういうところにあるかもしれないと思います。

——船自体を設計したいとは思わないですか。ノーマン・フォスター[08]やレンゾ・ピアノがやっていますよね。

飯田—それはやりたいですね。イタリアの建築家は、ありとあらゆるものをデザインしていますよね。日本でもやりたいけれど、せいぜいが家具ぐらいまででしょうか。最近、ようやく内藤廣さんのように土木の分野でデザインをする人も出てきていますが。

07

巨大客船とピア赤レンガ
二〇十四年三月に横浜港に初寄港した大型客船クイーン・エリザベス。右手前がピア赤レンガ。

08

ノーマン・フォスター
英国の建築家(一九三五―)。代表作に「香港上海銀行本店ビル」「ドイツ連邦議会議事堂」「スイス・リ本社ビル」など。

——工場の建物も匿名性を感じさせるデザインですね。

飯田｜工場も面白いですね。プラント施工の日揮[09]から頼まれてチームをつくり、興亜石油大阪リファイニングセンター[10]の設計をしたのが最初です。これは製油所をコントロールする施設です。これまでこうした建物は、工場サイトの内側に、万が一、製油所で爆発事故が起こっても中の人が助かるようにと、鉄筋コンクリートでトーチカみたいにつくっていました。でもその中に閉じこもって設備を監視していると、精神的にまいってしまう人が出てくるんですね。それがコンピューターの発達で、コントロール施設を離してつくれるようになったんです。

——新しいタイプの工場施設なので、デザイン的にもがんばってつくったということですね。

飯田｜そうです。与件を改めて整理しながら、ビルディングタイプを考え直すことができて面白かったです。僕は工場の風景が昔から好きで、そこで仕事ができたのも、うれしいことでした。

——フランスでも工場の設計を手がけましたよね。

飯田｜フォルシア社フレール工場[11]ですね。パリでの展覧会を自動車部品会社フォルシア社の施設担当の社員が見に来て、世界中につくる自社工場のビジュアル・アイデンティティを決めるコンペに参加するよう誘われ、採用されました。その次に、実際

09
日揮
石油精製プラント、化学プラントなどの設備を建設するエンジニアリング会社。本社：横浜。

10
興亜石油大阪リファイニングセンター
大阪府高石市、竣工一九九八年。

11
フォルシア社フレール工場
フランス・ノルマンディ地方、竣工二〇一一年。
Presentation pp.012, 014

にノルマンディ・フレールに建設する工場を設計する機会を得ました。工場に加えて、技術系の学校、大食堂など、合わせて五万平米もの大きな仕事です。始まってみて、つくり方が違うことに驚きました。地中梁がなく、全部掘立柱なんです。それでまず広大な上屋を建てます。それから機械の配列に従ってトレンチを掘っていくんです。地中梁がないので長いラインが組めるし、機械が変わればそれに応じて変えられます。土間は最後に打つわけです。合理的でしたね。

――日本ではそういうつくり方はできませんか。

飯田｜地震がありますから。機械の配列を決めて、先に地面の中をつくっていくのが普通だと思います。興亜石油大阪リファイニングセンターはコントロール施設で正確には工場そのものではありませんが、制御するゾーンを中央に取り、事務や営業が同居する、それまでにない画期的な施設です。このプロジェクトで日揮とつながりができて、その後も医療部門の方たちといくつか病院を設計しています。

――久留米市の松岡病院[12]もそうですね。

飯田｜これはベッド数二五〇の精神科の病院です。精神科の場合、診療機器は少ないですが、居住性や管理の仕方をよく考えなければいけません。ここではワンフロアに三看護単位がつながる配置にしています。病院の計画には僕らも興味がありましたから、かなり積極的にやりました。徘徊する患者のために中庭を中心にグルグル回れる

12
松岡病院
福岡県久留米市、竣工二〇〇四年。

ようにしたりとか。

――いわき市にある舞子浜病院[13]もやっています。

飯田―これは敷地の空いたところに新しい病棟をつくり、古い病棟を壊してまた次をつくるという三期の計画でしたが、東日本大震災の際に津波に遭い、最初の建て替えの段階で中断しています。敷地のすぐ前にある松林を抜けると、白砂の海岸なんです。日本にこんなところがあるのか、と思うくらい素晴らしい景色です。病院の事務長は釣り針を仕掛けてカンパチを釣っていると言っていました。設計をしていたころは、津波のことなんか全く考えもしなかったですね。この考えもしなかったことが我ながら大ショックで、そこでの後悔がその後の建築を考える基準となりました。

集合住宅での取り組み、これだけはやりたいと思っていた

――集合住宅の設計も多くなっていますね。色々な関わり方があるかと思いますが、集合住宅の設計は面白いですか。

飯田―はい。横須賀市営鴨居ハイム[14]に携われたのは特にうれしかったですね。これも全力で考え抜いてやった建築です。僕の経歴でも、一つのピークにあたる仕事かもしれません。

13
舞子浜病院
福島県いわき市、竣工二〇〇九年。左の写真は被災した建物の様子。

14
横須賀市営鴨居ハイム
神奈川県横須賀市、竣工二〇〇九年。
Projects p.056
Presentation p.008

——公営住宅を建て替えるという難しいプロジェクトでした。

飯田—以前に公団の団地の建て替えで集会室の設計をしたことがあるのですが（公団霞ヶ丘団地集会施設[15]）、その時に建った新しいほうの団地がひどいんです。逆に残っている古い団地は樹木が繁る環境も含めて素晴らしかった。そういうことがあったので、大学で団地の再生を設計課題にしていたこともありました。

——横須賀市営鴨居ハイムは設計コンペだったんですよね。

飯田—そうです。現地を見に行ったら昔の小さな木造の家が並んでいて[16]、これを建て替えるという計画でした。絶対に低層でやろうと思い、その仕組みを考えました。それが幸い一等になりました。

——木造の団地のいいところを遺そうということですね。

飯田—スケールもそうですし、コミュニティそのものもですね。縁側とか生垣越しにお年寄り同士が話をしているのを見ると、これを何とか新しい団地にも受け継いでいきたいと思いました。

——このプロジェクトは長くかかりましたね。設計が二〇〇二〜〇五年、最終的に完成したの

15
公団霞ヶ丘団地集会施設
埼玉県ふじみ野市、竣工一九九七年。

16
鴨居の旧コミュニティ

横須賀市営鴨居ハイム（設計当初の模型）

が二〇〇九年です。

飯田｜元々建設が三期にわたっていたり、色々手続きもあって長引きました。当時の市長からの要望で設計を変えたところもあるんです。コンペ段階では１ＤＫから４ＤＫまで四種類ある住戸に、すべて同じ水回りを入れるという非常にシステマティックな案でした。水回りというのは生活の基盤としてあるはずで、広さに関係なく一六〇戸の水回りは同じで良い、そうすればお風呂からキッチンまでを含んだユニットを工場でつくれると考えたんです。ところが上の方から「もっと色々なタイプをつくってほしい」と言われました。それだけではなくブリッジをやめる指示があったり、勾配屋根の要求があったりしました。設計意図を伝えて、説得をしようとしたけれどダメでしたね。

――しかし、基本的な理念は失わずに、最後までやれたわけですね。

飯田｜そうです。今、行くとすごくいい住宅地になっています。学生のころから雑誌『都市住宅』に触発されていたこともあって、公共の集合住宅というのは「これだけはやりたい」という建築タイプの一つだったんですね。鴨居ハイムは僕にとって、考えていたことが実現できたものですね。

――ヴィラ・ヴィスタ[17]も興味深い集合住宅ですね。

17
ヴィラ・ヴィスタ
東京都世田谷区、竣工二〇〇七年。

飯田―生命保険会社がもっていた家族用の社宅を賃貸住宅に転用するというプロジェクトでした。新耐震基準が施行される以前の建物でしたが、非常にいいかたちでよみがえらせることができた例です。新耐震以前の建物で何が問題かというと、杭なんですね。地面の中にあるので補強のしようがない。ここでは土の組成を再度調べ、役所と協議した結果、地中梁の補強で何とか済むということになりました。それで耐震改修が可能になったわけです。その上で、容積率を余らせていたので床面積を増やすことを考えたのですが、一方で構造的に建物の重量を増やすわけにはいきません。どうしたかというと、屋上にあるアスファルト防水の抑えコンクリートを全部はがして防水をやり直し、その重量を建物に置き換えました。こうした集合住宅で改修により増築が実現した例は、ほとんどないはずです。単純な構造形式だったのが幸いしました。

――不動産会社から喜ばれたでしょうね。

飯田―僕の大学の同級生が不動産部長をやっていて、相談しながらやっていました。彼は本当に建築好きで、本業では大再開発をいくつも手がけていますが、むしろこういう小さなプロジェクトを私的と思えるくらいに楽しみながらやっていましたね。エレベーターをつけたり、建具をアルミサッシから木建具に替えたり、断熱の性能を高めたり、そういうことがきちんとできた住宅ですね。こういう手のかけ方を、一般的な集合住宅でもやれるといいんですけれど。こういう仕事は好きです。一戸だけわがままを言って、コンクリートのままにして、石張りの床にキッチンが置いてあるだけのような住戸をつくりました。中にバイクも持ち込めるような仕様です。

——大手の不動産会社との仕事は、設計のしばりがきつくて大変そうですが。

飯田—三菱地所[18]のマンションで監修の仕事を頼まれていくつかやりましたが、面白くない。「小さいものでいいから、ちゃんと設計監理ができる仕事をさせてほしい」と勝手を言ったところ、これまでの設計を最初から見直して新たな集合住宅をつくりたいので参加しないかと誘われて、地所の中のプロジェクトチームに加わりました。例えば窓、バルコニー、水回りなど、様々な部位を本来の生活をもとにとらえ直し、一年間のワークショップを続けたのち、ＯＩＫＯＳ[19]を設計しました。三菱地所は最大手の不動産会社で、しかも「パークハウス」という高級マンションのシリーズでしたから、内部の方たちと協議し、集合住宅の性能を部位も含め検証しながらつくり上げた提案を受け入れてもらえたことは、とても意味があることだったと思います。

——構造で特徴のある集合住宅ということではラピス[20]も該当しますね。

飯田—僕の税理士さんがクライアントで、麻布十番の生家跡に賃貸マンションをつくる計画でした。当初は耐震で設計しようとしたんですが、そうするとどうしても柱が太く、壁が厚くなって、面積効率が悪い。構造設計をお願いした金箱温春[21]さんに相談したら、免震でできるかもしれないという話になりました。免震で考えると、上部構造の壁厚が二百ミリくらいで済んでしまうんです。問題は、免震では下に装置をセットする箱をつくって、その内側に納めなければいけないので、高い賃料が取れる一階

18
三菱地所
東京・丸の内地区や横浜・みなとみらい地区などを手がけてきた大手不動産会社。

19

パークハウス吉祥寺 OIKOS
東京都武蔵野市、竣工二〇一〇年。
Projects p.076

20

ラピス
東京都港区、竣工二〇〇七年。

21
金箱温春
構造エンジニア、東京工業大学教授（一九五三–）。構造設計を手がけた作品に「京都駅ビル」「青森県立美術館」「広島市民球場」など。

の床面積が小さくなってしまうことです。上階では広げられるんですけれどね。条件をコストも含めて比較して、その結果、免震を採用しました。東日本大震災の時も、初動はほとんど感じなかったそうです。

――こうした小規模な商業ビルで免震を採り入れたのは珍しいですね。

飯田――金箱さんも「検討はするけれど、なかなか実現しない」と言っていました。だったらここでやりましょう、と。結果として、下と上がすぼまった不思議なかたちになっています。

――一階には信用金庫が入っています。

飯田――正確には一、二階をメゾネットで使っています。安定したテナントが入ってくれて、オーナーも安心したと思います。

負け続けるコンペ、仕事が途切れそうになると獲れる

――二〇〇〇年代も、たくさんのコンペやプロポーザルに応募していますね。岩見沢駅舎[22]、日産自動車新本社[23]、工学院八王子キャンパス・スチューデントセンター[24]、町田市新庁舎[25]、立川市新庁舎[26]……。

22 **岩見沢駅舎**
二〇〇五年に実施された設計者選定コンペでは、西村浩（ワークヴィジョンズ）の案が一等となり、二〇〇九年に竣工している。

23 **日産自動車新本社**
二〇〇五年に実施された設計者選定コンペでは、谷口吉生＋竹中工務店の案が一等となり、二〇〇九年に竣工している。

24 **工学院八王子キャンパス・スチューデントセンター**
二〇〇五年に実施された設計者選定コンペでは、山本・堀アーキテクツの案が一等となり、二〇〇七年に竣工している。

25 **町田市新庁舎**
二〇〇五－〇六年に実施された設計者選定プロポーザルでは、槇文彦の案が一等となり、二〇一二年に竣工している。

26 **立川市新庁舎**
二〇〇五年に実施された設計者選定コンペでは、野沢正光の案が一等となり、二〇一〇年に竣工している。

飯田─ことごとく落ちていますね。

──落選が続くと、落ち込みませんか。

飯田─それは意外とありません。もし獲れていても、その後で色々と問題が起きて、うまくいかなかっただろう。獲らなくて良かった、と思うようにしているんです(笑)。

──合理化するわけですね。

飯田─でもスタッフは大変ですよね。めげている暇もなく、次のコンペを考えなくてはいけないわけだから。多い時には一年に二十件以上出したかな。よくやってくれています。

──次点だったりすると、すごく悔しいでしょうね。

飯田─ある地域交流施設のコンペでは、僕らが一等になるはずだったのに副市長の横やりで二つ残されました。もう一案は組織設計事務所のものです。最終審査会のヒアリングで僕らが説明に行くと、「以前、あるアトリエ事務所に設計させた建物の雨漏りがひどいから、もうアトリエ事務所には頼まない」、みたいなことを言われるわけですよ。ばかやろう!と思いますよ(笑)。

——コンペの案はどうつくっていくのですか。

飯田｜アイディアは基本的には僕が出すことが多いですね。それをスタッフと一緒にさらに先へと進めていくというかたちです。スタッフからアイディアを出させて、一番いいものを選ぶというようなやり方は、なかなかできません。どちらがいいのかはわかりませんが。

——参加したコンペを見ると、美術館、市庁舎、スタジアムなど、色々な種類の建物が並びます。何でも参加してみるということですか。

飯田｜やったことがないものにチャレンジしていくというところがありますね。美術館やホールはとにかく一度は設計してみたいと思っていますし、参加しないことにはできませんからね。その都度、全力を尽くして取り組んでいますが、なかなか獲れません。

——今回は、このへんで切り上げることにします。

飯田｜次回の予定は半居ですね。ゆっくり話ができそうです。

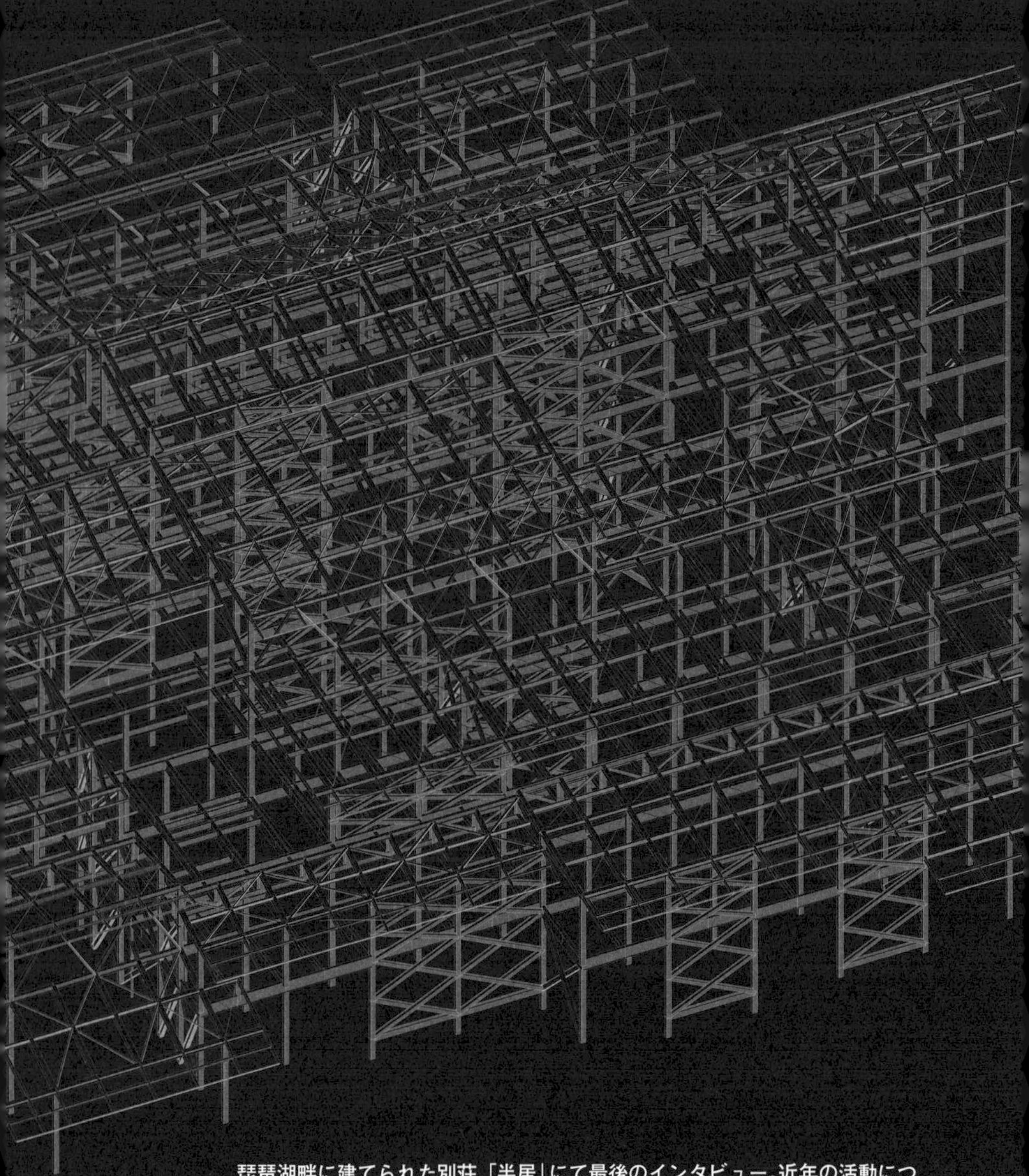

琵琶湖畔に建てられた別荘「半居」にて最後のインタビュー。近年の活動について訊く。事務所の一階を、街の人が気軽に立ち寄れるライブラリーカフェとして開放。また横浜国立大学大学院の教授として学生の指導にもあたり、そこでも講評会を学外で行うなど、建築を社会に開くことに実践的に取り組んでいる。そして建築設計のテーマとして環境が浮上。「そこでしかできない建築」が探られる。

2014年1月24日@半居　　聞き手:磯達雄

Session 4

社会に開かれた建築への実践

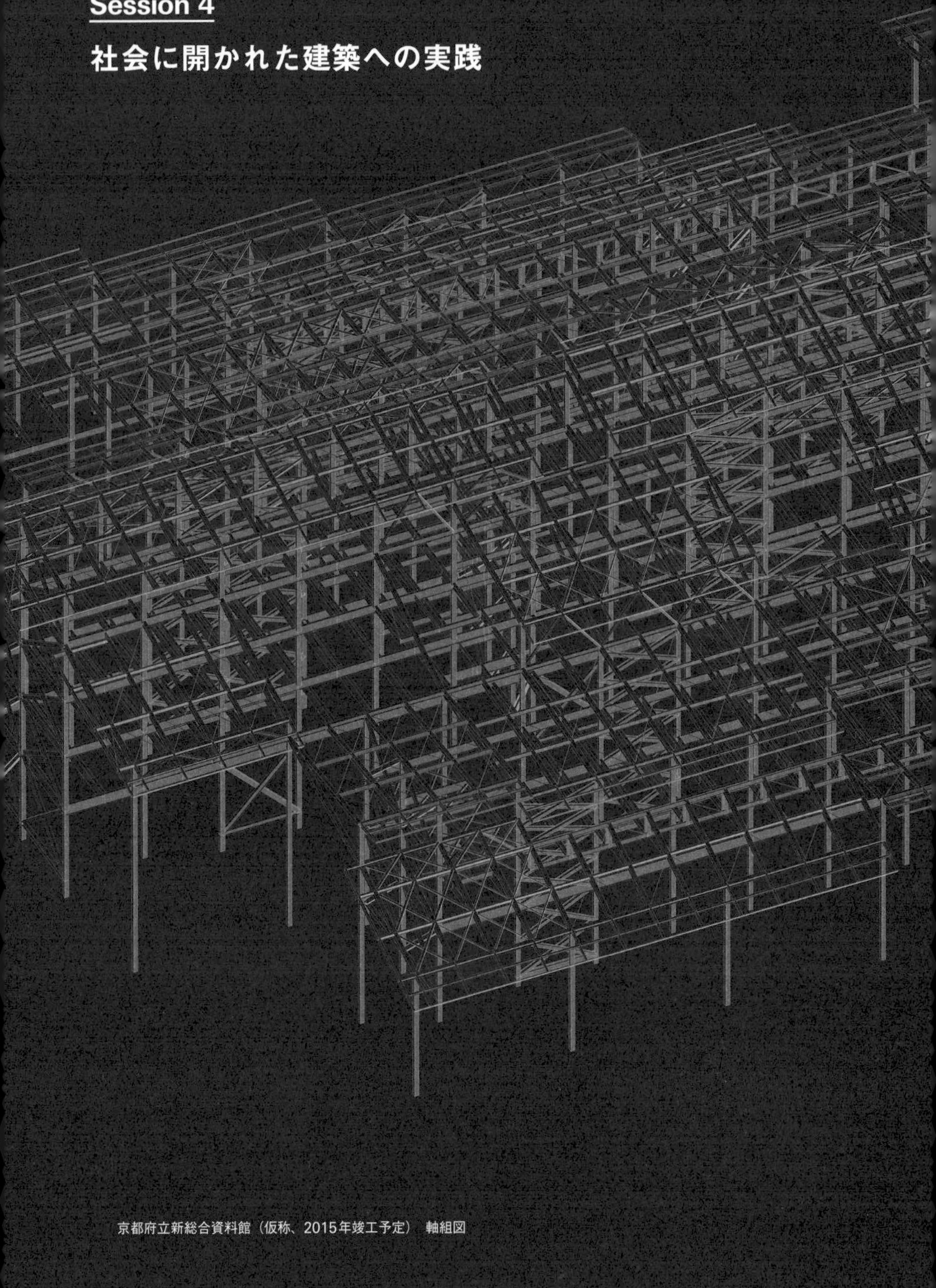

京都府立新総合資料館（仮称、2015年竣工予定） 軸組図

――この本のための最後のインタビューです。二〇〇〇年代後半の話が訊ければと思います。まずは我々が今いる半居01についてですが、自分の楽しみのための最小限の環境をつくる「小屋」と説明されていました。これを建てた理由からお聞かせください。

飯田―きっかけは京都で龍谷大学深草キャンパス修景計画の仕事をしている時に、富山に用事があって、JRのサンダーバードに乗って湖西を通りました。たまたま琵琶湖が見えるほうに座っていて、外を見ていたら、風景が何だかいいなと思ったんです。インスパイアされた感覚ですね。それをきっかけにその後も時々、京都の現場から東京に帰る際に、湖西線の駅で降りてぶらぶらと歩いてみたり、家族で琵琶湖を回ってみたり、歴史を調べたりしていました。ある時ガイドブックに、すごくきれいな琵琶湖の写真が載っているのを見て、それが今津のカフェからの風景でした。カフェといってもボランティアのおばさんたちが運営する民家を改修した、週末だけ開いているようなところです。行ってみたら、これがめちゃくちゃ良くてね。北琵琶湖の素晴らしい景色が広がっていて、見とれました。

――場所に惚れ込んでしまったんですね。

飯田―それでこういうところに自分のスペースがあったらいいなと思い始めました。最初は北国街道沿いの民家を借りようと思って手を尽くしたんです。でもそれは難しい。空き家がなかなかないし、よその人が入ってくるのを嫌がる風潮もありますから。そうこうしているうちに、たまたまこの土地をインターネットで見つけて、衝動買い

01
半居
滋賀県高島市、竣工二〇〇九年。
Projects p.066

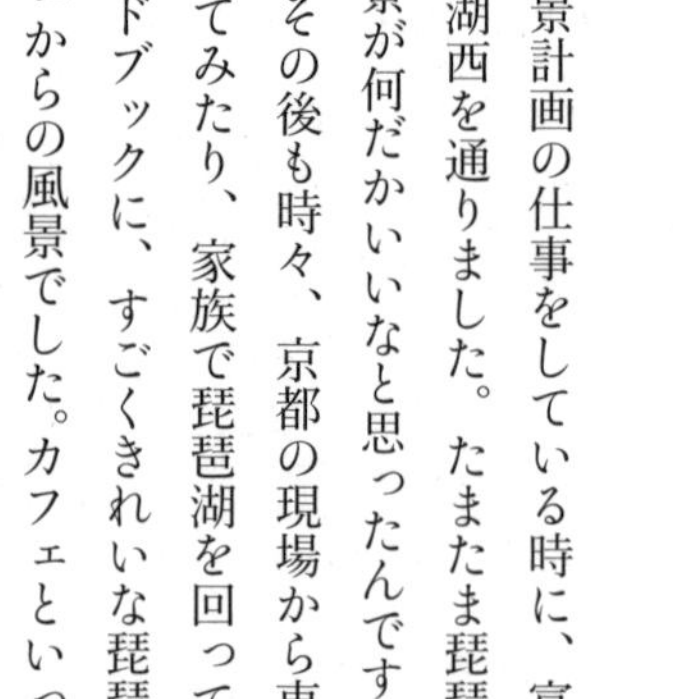

のように買ってしまったんです。

――琵琶湖のほとりの別荘地ですね。

飯田｜買ったからには何かつくらなければいけない。無謀なことに五百万円という予算を立てました。最終的にはそれでは収まりませんでしたけどね。日常的に住む家ではないから、自分が楽しめる場所ができればいい。僕の自宅はマンションで、今まで自分の家を建てようと考えたことはありません。家族からの要望もなかったですし。家族というのは残酷です。お父さんが設計したものがいいわけがない、と思い込んでいる（笑）。

――それまで自邸をつくろうと思ったことはなかったんですか。

飯田｜全く考えていませんでした。お金もないですからね。自分の事務所からもらえるヘッドフィーは、支出の調整用のようなもので、儲けが出なければぐっと少なくなります。横浜国立大学の先生になって、ようやく安定した給料がもらえるようになり、それで大学の一年間の給与にあたるお金を使わせてほしい、と家内に頼んだわけです。

家と小屋の中間にあるものをつくる

——自分の家ですから、やりたいことがやれますね。

飯田—最初は色々凝ろうとするわけです。でも何かしっくりこない。お金もかかりそうだし。ということで、やりかけた案を何回かご破算にしました。それで、本当につくりたいものは何か、と考え直した時に「塔がつくりたい」と思ったんです。屋根に上がって琵琶湖を見るような場所、それが一番ほしいことに気がついた。

——敷地は湖畔から堤防道路を挟んで内側に入ったところなので、地上二階ぐらいだと湖は見えませんからね。

飯田—塔は流通材を使って立体格子をつくり、なるべく無駄が出ないようにしよう。それから、断面を工夫して、収納がうまくいくようにしよう。あとは、最低限の生活を補助してくれる機能があればいい、そんな感じですね。

——実験的なこともやっていますよね。

飯田—そこら中、実験だらけです(笑)。まともに建てると予算に収まらないので、色々なことを考えました。大学生を使ってセルフビルドでつくろうとか、水を入れたペットボトルを並べて蓄熱しようとか。実行には至りませんでしたが。

――外皮としてアクリルを使っていますね。

飯田―最初はもちろんガラスを想定したのですが、サッシが高いのでサッシレスで直接ガラスを入れようとするとなかなかうまくいきそうにない。ふと思いついて、アクリルを調べてみると、アクリルはガラスと比べて熱貫流率の性能が二倍で、しかも重さが半分ですから、結果として四倍の効果があるわけです。ガラス屋さん経由でお願いし、実験住宅に使うという理由で格安で入れてもらっています。

――上部にはプラスチックのパネルを貼っています。

飯田―ヨーロッパには元々あったのですが、日本でつくり始めると聞いたので、それならそのテストケースになるから安くしてよ、みたいに話をして、ゆずってもらいました。内部が四層ぐらいなのですが、やはり断熱的には厳しいですね。

――ディテールはどこもかしこもラフな感じです。棚はただ載せるだけだったり、扉に取手がなくて穴が空いているだけだったり。

飯田―手のかけ方の度合いが、普段、住宅を依頼されて設計している時と全く違います。これはこれで面白かったですね。他人の家では許されませんが、自分の家だったら「これでいいじゃん」というところがいっぱいあるわけです。

「半居」の外皮アクリル

――「十年間持てばいい」と考えて、設計したとか。

飯田―そう言いましたけど、ちょっと欲が出ていますね。だんだん延びるでしょう（笑）。

――住宅というのはコストをかけられない割に求められる性能が高いので、どうしても住宅用に開発された製品を一般的には使わざるをえません。半居ではそういう住宅用製品を使っているところがほとんどないですね。また構造と外皮を分離しているところは、カーテンウォールの考え方でもあります。そうしたところが、こんな小さな住宅なのに、オフィスビルのつくり方に似てきている。そこがすごく面白いと感じました。

飯田―そうですか。開口部にしても、普通に住宅用のサッシを入れることも考えられるのですが、何かそぐわないんですよ。引き戸にしても、網戸もつけたい、だけどコストを抑えるためには全部大工がつくれるように考えなければいけない。そこに精度を要求するのは無理なので、例えば引き寄せハンドルの代わりに穴を開けてストッパーで留めるようにしよう……。そういう設計の進め方でしたね。

――性能に対する要求レベルが変わると、設計も変わってくるということですね。

飯田―こういうつくり方への願望は、元々もっていたんです。少し違う美学というか、これはこれでありうべき建築のクオリティなんですよ。そういう意味で住宅ではなく

「小屋」だと言っているわけです。名前も最初は湖畔の畔を取って「畔居」にするつもりだったのですが、つくっていくうちに、これは家になりきらない、家と小屋の中間のもの。じゃあ、「半居」だ、と居直ったわけですね。

――住み心地はいかがですか。

飯田｜悪くないですよ。これで住めてしまうのが、痛快ですよね。ただ「トイレには絶対温水洗浄便座がほしい」とか、火が燃やせるストーブは外せないとか、そのへんは軟弱なんです（笑）。ストイックになりきれません。

――実験住宅だから我慢して住むぞ、という感じではないですね。

飯田｜楽しもう、ということから出発してますからね。こんな面白い体験は二度とないのかもしれません。アーキシップ・ライブラリー＆カフェ02もそうですが、ノリで一気につくってしまった面もあります。何かをやってみたくなったら、やってしまう、やらないと気がすまない性格なんですね。

街に開かれたカフェ、これもまた建築家の活動である

――特にこの五年間は、設計以外の活動も活発になっているように見えます。

02
アーキシップ・ライブラリー＆カフェ
神奈川県横浜市、竣工二〇一一年。

飯田─自分の中に衝動的にやりたくなったことがあって、それをやれるだけの環境があったということでもあるし、やってみて、たまたまうまくいったということもあります。

──やりたかったことをやるということではアーキシップ・ライブラリー＆カフェもそれに該当するのでしょうか。でもあれは半居とは正反対のものですよね。半居では都市から離れた場所に自分だけの場所をつくったのに対し、アーキシップ・ライブラリー＆カフェでは都市の中に開かれたみんなのための場所をつくったと言えませんか。

飯田─両方やりたかったんですよね（笑）。こっちの端とあっちの端を確認した、というところでしょうか。半居とアーキシップ・ライブラリー＆カフェは確かにつながっているところがあるかもしれないね。あまりそんなこと考えたこともなかったけれど。

──ポジネガというか、裏表の関係にあるのかもしれないですね。アーキシップ・ライブラリー＆カフェは設計事務所に併設された、建築書が読めるカフェスペースです。これを設けた動機を教えてください。

飯田─これは自分のためというよりも、事務所をどうしようか、というところから発想しています。そんな大層な話でもないですが、東日本大震災後のもやもやした気持ちが反映しています。

——建築の設計からはみ出して、社会とそのままつながろうとする態度に、少し意外な印象ももちました。

飯田｜以前に小嶋一浩[03]さんからインタビューを受けて、やはりそんな話が出ましたね。Y-GSA[04]で「街に出て建築を考える」という課題を出していたのですが、飯田さんは、きれいな建築をつくりたいだけなのかと思っていた、こんなことに興味をもっていたとは意外だ、と言われました。

——飯田さんの経歴や作品のパッと見の印象から誤解されてしまうのかもしれません。

飯田｜建築を内側だけで考えることに僕は興味がないんです。建築は明らかに社会に出て行かなければならないし、考え方を世間に発表して評価を受けなければならない。建築を生み出すところの設計事務所が、オフィスビルやマンションにあって目に触れないのではまずいのではないか、と考えたんです。

——建築に対する一般の人の無理解を嘆く前に、自分たちがまず変わらなければいけないと。

飯田｜とりあえず自分の事務所を変えよう、という気持ちが一番大きかったですね。最初はどうすればいいのかもよくわからなかったのですが、ブックカフェというのが

03
小嶋一浩
建築家、横浜国立大学大学院Y-GSA教授（一九五八ー）。代表作に「ビッグハート出雲」「打瀬小学校」「宇土市立宇土小学校」など。

04
横浜国立大学大学院／建築都市スクールY-GSA
横浜国立大学大学院／建築都市スクール。建築家育成のための新しい教育カリキュラムをもったスクール。プロフェッサー・アーキテクトが指導するスタジオごとに、実際の都市問題を設計課題として採り上げる。開校二〇〇七年。著書『OURS：居住都市メソッド』（二〇〇八年、INAX出版）に、当時、東京理科大の教授だった小嶋一浩によるY-GSAの4教授（山本理顕・北山恒・飯田善彦・西沢立衛）へのインタビューが収録されている。

アーキシップ・ライブラリー & カフェでのイベントの様子（「高宮眞介連続講義」2013-14 年）

あると知り、これは面白いなと思ったんです。事務所の蔵書をどこに置くかという問題もあったので、このかたちを採ることにしました。

――建築を設計するだけでは満たせないことが、どんどん大きくなっているのでしょうか。

飯田―いや、川上村林業総合センター森の交流館を設計した時に、村の人に読んでもらう新聞（061頁参照）をつくったりしましたけれど、それも含めて設計だろうと思っていました。カフェをやるのも、そういうことも含めて建築家なんだ、という考え方ですね。

――仕事と趣味みたいな関係ではなく、両方とも建築家としての仕事なのだということですね。

飯田―そうです。だから僕は、建築家の仲間にも言っています。カフェは誰でもできますよ、と。設計事務所には本がたくさんありますから、それを開放すればいい、普段もお客さんにお茶を出しますからね。

――でもお金が儲かるわけではないですよね。

飯田―全く儲かりません（笑）。

設計課題の講評会も大学の外で行う

——この十年間の飯田さんの活動の中で、横浜国立大学大学院／建築都市スクールＹ-ＧＳＡでの教育も非常に重要だったと思います。大学ではどういうことをやっていましたか。

飯田｜横浜国立大学では、三十代の終わりごろから非常勤講師をやっていて、それまでやってきたことと、そんなには変わってはいません。面白かったのは、Ｙ-ＧＳＡで初代の教授となった山本理顕さん、北山恒さん、西沢立衛さんと僕は、それぞれ共通項のようなものもあるんだけれど、やはりキャラクターが全く違うわけです。建築に対する考え方も当然、違います。

——先ほど少し触れた「街に出て建築を考える」とは、どんな設計課題だったのですか。

飯田｜横浜の街をとにかく使い倒そうという主旨です。横浜は大きな街なのですが、実は地域ごとの性格がかなり異なっている。学生たちと一緒に街を歩いて、調査をしながらものを考えていくというやり方でした。場所を見て、調査をして、そこからヒントを得ながら、気候風土や歴史文化、地形、構造などをひっくるめて、デザインを組み立てていくというやり方は、建築家として自分がいつもやっていることです。「こういうものをつくろう」と最初にあるわけではない。それを学生と一緒にやろうと思ったわけです。

——講評会を大学の外でも行って、一般の人から意見をもらったりしたそうですね。

飯田—学内発表の後、課題の地域で関係者や住民にプレゼンテーション05をすることにしていました。場合によっては、展覧会もやりました。学内ではボロクソに叩かれた案が、そこでは市民に「こういうのを待っていたんだよ」と言われたりする。そのあたりが、学生には相当、刺激になったのではないでしょうか。普通の人にどういう言葉で伝えれば、自分の考えをわかってもらえるか、それを考える場をつくることは、Y-GSAを立ち上げた時の僕の大きな狙いの一つです。

——大学で教え始めると、建築家というよりは教育者になってしまう人もいます。

飯田—教えることは、やはり楽しいんですよ。学生からも慕われるし、お山の大将みたいなものですから。そういう意味で居心地はいいですよね（笑）。

——でも飯田さんの場合は、そこに落ち着くつもりはなくて、やはり建築の設計が主であることは変わらない。

飯田—そうですね、教授の職については、北山さんから5年で代わってくださいと言われて、それはすぐに了承しました。Y-GSAの継続のために必要な措置でしたからね。少し休みましたが、今年の春からは、立命館大学大学院のスタジオで教えるこ

05
Y-GSA住民プレゼンテーション
写真は横浜市中区黄金・日ノ出町の住民らに設計課題の成果物を発表するY-GSAの学生たち。（二〇〇八年）

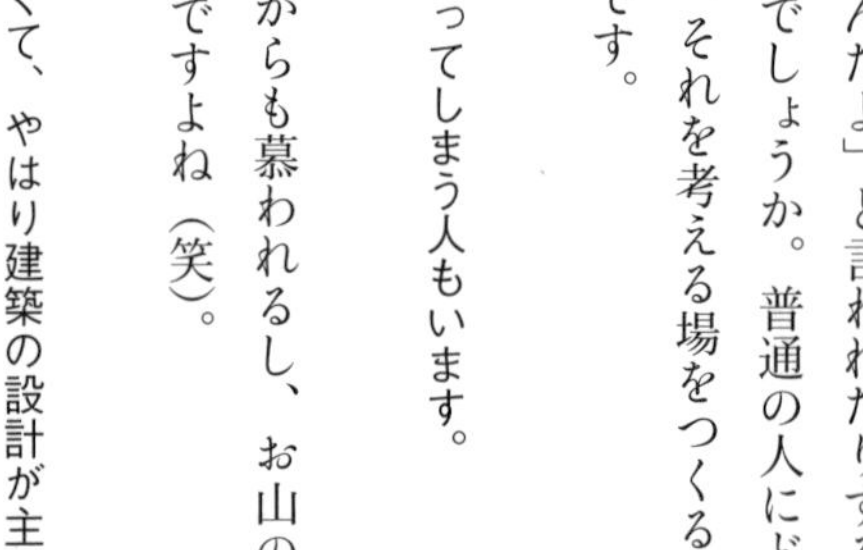

とになりました。琵琶湖を舞台に、千人の集落を考えるという課題を出しています。

環境は避けて通れないテーマ、建築家としての知恵がより求められる

——この十年間の建築界を考えると、環境配慮が一挙に大きなテーマになった感があります。飯田さんはこうしたテーマをどうとらえていますか。

飯田｜避けて通れないテーマですね。今までにできなかった建築が生み出されるきっかけになるかもしれない、とも思います。Y-GSAでの最終講義のテーマを「そこでしかできない建築を考える」としましたが、ローカルでつくられた建築が、そのローカリティゆえに一挙にインターナショナルへと反転していく、そんな時代です。それが表層の意匠に留まる場合もあるし、本質的な仕組みにまで及ぶこともありますが、後者の建築をやれた時はうれしくなります。例えば新潟高田の家06は豪雪地帯に建つ住宅で、雪を屋根の上で融かすというところから建築の設計を考えていきました。

——元々建築というのは地域の条件に強い影響を受けてつくられてきたのでしょうが。

飯田｜そうですね、特に民家は豪雪地帯なら雪への対応、沖縄だったら暑さや台風への対応、それが建てられる時代の技術と知恵で解決が図られ、それぞれのかたちがつ

06
新潟高田の家
新潟県上越市、竣工二〇一一年。
Projects p.080

07
MINA GARDEN 十日市場
神奈川県横浜市、竣工二〇一二年。
Presentation p.020

くられてきたわけです。ところが近代の技術というのは、ある種の均質化を図らないと成り立たないところがある。例えば九州でつくるプレファブ住宅と北海道でつくるプレファブ住宅は、少しの違いはあるにしても、基本的な構造は一緒だったりします。

――建築は本来、そうではないはずだと。

飯田｜例えばMINA GARDEN十日市場07は、横浜市に建設したエネルギー管理システムを採り入れた十一戸の住宅団地ですが、一方では緑地をつくって風が通り抜けるようにもしています。先端技術に頼るばかりでなく、プリミティブな方法で快適さを手に入れるようにも考えているのです。環境については、その場所を分析し、具体的な素材に向き合いながら知恵を出さないといけない。建築でないとできない場面というのが増えているのではないかと思います。今まで以上に、建築家としての知識や見識が求められている時代ではないでしょうか。

――沖縄県看護研修センター08は、まさにそういうところが評価されたプロポーザルでした。沖縄の強い日差しを遮る屋根が、隙間を取りながら重なっています。

飯田｜沖縄は面白い仕事です。そこで考えたのは、沖縄の建物や住宅の特徴をできるだけ採り入れるということでした。例えばガジュマルという木がありますが、その下は常に快適です。つまりいつも海風がある沖縄は、強い日差しを遮れば実に快適なんです。そのような、沖縄であれば誰もが知っていることを、建築に置き換えて実現し

08
沖縄県看護研修センター
059頁参照。

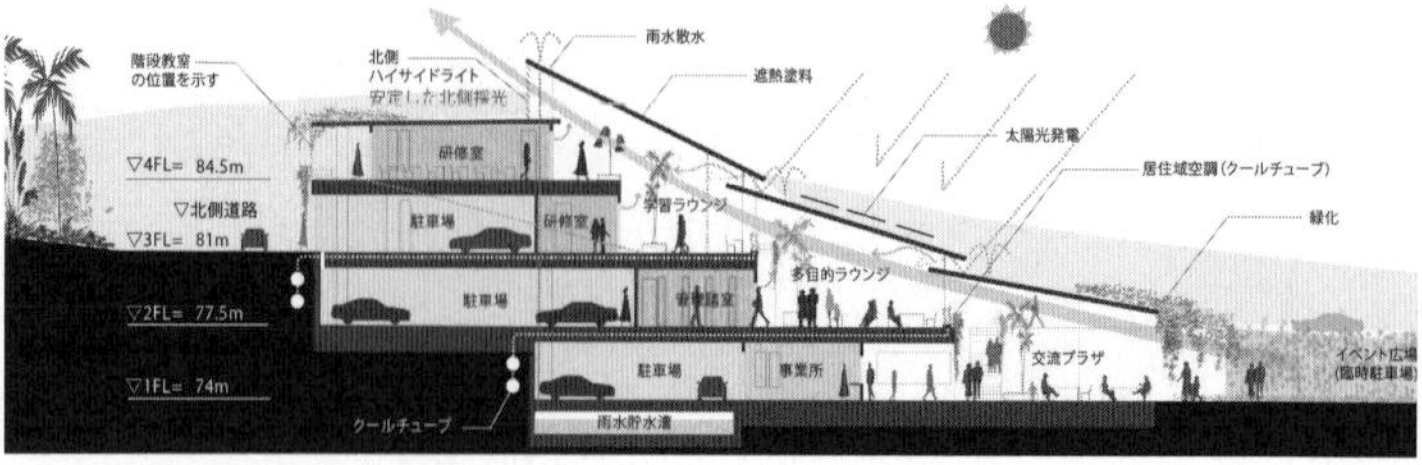

09
花ブロック
日差しを遮りつつ風や光を採り入れられる穴あきコンクリートブロック。沖縄で広く普及している。

たつもりです。建築家としての本来の職能を発揮できた例ですね。

——まさに「そこでしかできない建築」です。材料も花ブロック[09]など、地場のものを使っています。

飯田｜ずいぶん昔にアボリジニの探偵を主人公にした小説[10]を読んだのですが、そこにオーストラリアでは、家の外壁や屋根に波板が一般的な素材として使われていると書かれていました。波板はぐるぐる巻けば奥地にまで持って行きやすいので、それで広まったそうです。グレン・マーカット[11]の建築にもそれは用いられていて、「なるほど、そういうことなんだ」と思いました。やはり場所ごとに安くて使い勝手が良い素材というのがあって、それを建築で使うのは自然なことなんだと思います。

「そこでしかできない建築」が普遍にもつながる

——京都府立新総合資料館[12]も複数の屋根が組み合わさってできていますね。

飯田｜あの屋根は沖縄とは全く違うものです。京都の歴史や文化について発信していく「京都学センター」というプログラムだったので、京都そのものを建築として組み立てられないか、という発想でした。屋根は最初はおっしゃる通り、複数の町家の屋根が積み上がっているような風景から始まっています。東山魁夷[13]に「年暮る」[14]とい

10 **『ボナパルト警部シリーズ』**
英国に生まれ、オーストラリアで活躍した作家、アーサー・アップフィールド（一八九〇ー一九六四）によるミステリーシリーズ。日本では一九八二ー一九八三年にかけて、早川書房からハヤカワ・ミステリ文庫として出版された。

11 **グレン・マーカット**
オーストラリアの建築家（一九三六ー）。代表作に「マグニー邸」「マリカ＝アルダートン邸」「アーサー＆イボンヌ・ボイド・アートセンター」など。

12 **京都府立新総合資料館（仮称）**
059頁参照。

13 **東山魁夷**
日本画家（一九〇八ー一九九九）。代表作に「道」「年暮る」「青響」など。

う絵があって、これは民家の屋根がたくさん並んでいて、そこに雪が降っている情景を描いたものです。最初のスケッチを描いた次の日、たまたまその絵の写真を目にして、こんな感じでいきたいという話をスタッフとしていたのですが、途中で何か違う感じがしてきたんですね。京都の場合、公共的な建物といえばお寺ですけれども、それはすべて大屋根なんです。町家の小さい屋根群の中に大きな屋根が見えていて、そこがパブリックな場所なのです。そういう大屋根が架かっているというストーリーのほうがいいのではないかと思って、変えました。

――なるほど、大枠としては一つの大きな屋根があるということなんですね。

飯田｜そうです。そして、その下には歴史的な都市構造があります。京都で面白いのは道です。道に全部名前がついていて、上ル、下ル、西入ル、東入ルと、街区ではなくて通りの名前が住所になっています。それほど重要性が高い。そこで道と建物が同等の比重をもっているような建物案をつくったんです。そこに大きな屋根が架かっていて、そのあちこちが切り裂かれて、光が入ったり風が通ったりする。

――あれを大屋根ととらえるならば、屋根の下に複数の要素が並んでいるという意味で北総花の丘公園花と緑の文化館も同じ系列にあるものと考えることができますね。あるいは京急高架下文化芸術施設日ノ出スタジオ[15]も、鉄道の高架を大屋根として見れば近いかもしれません。

飯田｜なるほど。屋根に対する興味はいつもあるのかもしれないですね。それからこ

14
年暮る
町家が建ち並ぶ京都の風景を描いた東山魁夷の作品。一九六八年。山種美術館蔵。

15
京急高架下文化芸術施設 日ノ出スタジオ
神奈川県横浜市、竣工二〇〇八年。
Projects p.046

のプロジェクトは京都だからといって、和風にはしたくなかったんです。矛盾するような言い方ですが。京都というのは、僕らのような関東で建築の仕事をする人間にとって一種の聖域みたいなところがあって、憧れの場所でもある。それで何かと和風になってしまう傾向がありますから、それには気をつけよう、外国の建築家が京都で仕事をするような感覚でものを考えよう、というようなことをスタッフには言っています。京都は「京都議定書」[16]が結ばれた場所であり、環境モデル都市でもあるわけです。インターナショナルに京都という場所を新たに位置づけて、その場所に建てる建築を考えたわけです。

——屋根も切妻屋根のバリエーションなのですが、提案した素材はアルミという新しいものですね。

飯田｜そうですね。結局は京都市の景観条例との関係で、光沢のある素材は使えず、亜鉛合金に落ち着いています。

——隣にある磯崎新[17]さんが設計した京都コンサートホール[18]とは考え方が逆転しています。コンサートホールは、かたちとしては抽象的なボリュームを配して、使っている素材で伝統性を感じさせている。一方、資料館は全体のボリュームとしては伝統的だけれど、全く新しい材料を使っています。

飯田｜和風を逃れるために、どこかで抽象的なものに還元していかなければならない。

16
京都議定書
一九九七年に京都で採択された気候変動枠組条約に関する議定書。二酸化炭素などの温室効果ガスについて削減目標を定めた。

17
磯崎新
建築家（一九三一－）。代表作に「群馬県立近代美術館」「つくばセンタービル」「ロサンゼルス現代美術館」など。

18
京都コンサートホール
京都市左京区、竣工一九九五年。

その方法の一つが、素材であるということですね。

——面白いと思ったのは、都市を上から撮ったような写真に建物を嵌め込んだCGです。コンピューターのピクセルで描いたようになっていて、完成した時に実際にどう見えるのか、すごく楽しみです。

飯田—コンペ案より屋根の数は少し減りましたが、でも京都ならではのどこにもない建築ができあがるはずです。

——「そこでしかできない建築」ですね。それが逆に普遍的なものにもつながるのですね。

飯田—でも難しいですよ。工芸品であれば、二千年前に誰かがつくったものが今も生き永らえていますが、建築はどうかというと、特に近代以降は本当に消費期限が短くて、本当に人の役に立っているかどうか、よくわからなくなったりしています。

——作品をつくること自体への疑義ですか。

飯田—プレファブの技術が進んで、それでいいじゃないか、みたいに社会が向かっていく潮流の中で、建築家という職能がこれからも意義をもち続けられるのだろか、などと考えてしまったり……。

——ずいぶんと悲観的ですね。

飯田—いや、そんなこともないですね。自分でやりたいことはあるんですよ。これからの人生で、どこまでできるかはわからないけれど。

——まだまだ新しい建築に挑戦してください。

飯田—色々考えていることを試していきたいと思っています。

あとがき

編集が終わって振り返ると、ほとんど丸裸にされた気分。こんな風に自分がやってきたことをさらけ出した後でどんなことが起きるのか?全く変わらず粛々とコトが進むのか、あるいは、全く異なる何かが、スルスルと入り込んできて、どこかに居座るのか?さっぱり見当がつかないけれど、私自身は、この、「そこでしかできない建築を考える」ことをしばらく徹底してやってみようと思っています。東日本大震災の後遺症はまだまだ重くのしかかっています。地域、エネルギー、経済格差、制度矛盾、放射能、パンドラに似た箱はなかなか閉ざすことが難しい。建築のフィールドにあって、この後遺症を抱えながら私たちが目指すべき建築はどんなものなのだろう?あるいは、新しい建築そのものが、時代によって否定されてしまうのだろうか?

誤解を恐れずに言えば、さほど後ろ向きになることはない、と私は考えています。とりあえず、正面から、真摯にかつ意欲的に「そこでしかできない建築を考える」ことで創造される、これまでに見たこともない建築、新たな希望の実現に向かって挑み続けたいと思います。

二〇一四年十月　飯田善彦

Afterword

After completing this publication and looking back, I felt very naked. What will happen after the divulgence of what I've achieved so far? Will everything go on as usual? Or will something quite different fall upon me silently and remain? I cannot imagine, but rather I will try to concentrate fully on the idea of 'Thinking of an Architecture for Nowhere but Here.' The aftereffects of the Great East Japan Earthquake are still upon us. Zones, energy, economic difference, contradictions in systems, radio-active substances, these are like Pandora's box and not easy to close. In the field of architecture, what is the ideal we should aim for in this 'post' condition? Or will the very existence of architecture be denied?

I may invite misunderstanding, however I believe that we should not be of a backward-looking attitude. For the time being, I'd like to challenge myself to realize an architecture never seen before and a new aspiration by 'Thinking of an Architecture for Nowhere but Here' with sincerity, enthusiasm and determination.

October, 2014

Yoshihiko Iida

Yoshihiko Iida

1950	Born in Saitama Pref.
1973	Graduated from Yokohama National University
	Okinawa International Marine Expo "Ship Cluster" Architects Team
1974	Worked for Taniguchi Takamiya and Associates
1980	Established Motokura, Iida and Associates
1986	Established IIDA ARCHISHIP STUDIO
2007-12	Professor, Yokohama Graduate School of Architecture (Y-GSA), Yokohama National University
2012	Established IIDA ARCHISHIP STUDIO, Kyoto

Awards

1991	Housing Architecture Prize, "House in Hayama"
1993	Chubu Architecture Prize, "Tateshina SHARO"
1998	Prize of Architectural Institute of Japan for Design, "Kawakami Forest Club"
2002	Chubu Architecture Prize, "Nagoya University Noyori Conference Hall and Materials Science Laboratory"
2003	Kanagawa Architecture Contest, Encouragement Prize, "Yokohama City University Community Plaza"
2007	BCS Prize, "Nagoya University Noyori Conference Hall and Materials Science Laboratory"
2009	Tochigi Prefecture Marronnier Architecture Award, "Sanokiyosumi High School Gymnasium"
2010	Yokosuka Urban Design Award, "Yokosuka Kamoi Public Housing"
2010	Prize of Architectural Institute of Japan for Education, Award for Outstanding Practice, "An Advanced Program of Professional Architectural Training Centered on Studio Education (Y-GSA)"
2011	56th Kanagawa Architecture Award, Second Prize, "MINA GARDEN Tokaichiba"

Books

"assemblage," Koga Communications Products, 2004
"101 Proposal Cards for Urban Design," Yokohama Urban Design Club, 2005
"To create architecture is to create the future," TOTO Publishing, 2007

Exhibitions

Traveling Exhibition "assemblage"
- La Galerie D'architecture, Paris, France, 2004
- CAUE du Bas-Rhin, Strasbourg, France, 2005
- Faculdade de Arquitectura da Universidade do Porto, Port, Portugal, 2005
- Tarokichigura, Takikawa, Hokkaido, Japan, 2005

"Contemporary Japanese Houses, 1985-2005," Gallery MA ,Tokyo, Japan, 2005
"Parallel Nippon—Contemporary Japanese Houses, 1996-2000," Tokyo Metropolitan Museum of Photography, Tokyo, Japan, 2006
"Future of Urban and Work of Architects," BankART studio 1929, Yokohama, Kanagawa, Japan, 2006
"assemblage 10 + 1, Yoshihiko Iida + IAS," Abbye-aux-Dames Exhibition Space, Caen, France, 2008
"mina garden," Design Shanghai 2012, Shanghai, China, 2012

飯田善彦

1950　埼玉県浦和市生まれ
1973　横浜国立大学工学部建築学科 卒業
　　　沖縄国際海洋博覧会　船クラスター施設展示設計企業体
1974　計画・設計工房（谷口吉生、高宮眞介）
1980　一級建築士事務所建築計画 設立（元倉真琴と共同）
1986　一級建築士事務所飯田善彦建築工房 設立
2007-12　横浜国立大学大学院／建築都市スクール“Y-GSA”教授
2012　飯田善彦建築工房京都 開設

主な受賞

1991　住宅建築賞「葉山の家」
1993　中部建築賞「蓼科斜楼」
1998　日本建築学会賞作品賞「川上村林業総合センター　森の交流館」
2002　中部建築賞「名古屋大学野依記念学術交流館・物質科学研究館」
2003　神奈川建築コンクール奨励賞「横浜市立大学交流プラザ」
2007　BCS賞「名古屋大学野依記念学術交流館・物質科学研究館」
2009　栃木県マロニエ建築景観賞大賞「佐野清澄高等学校佐山記念体育館」
2010　国際海の手文化都市よこすか景観賞「横須賀市営鴨居ハイム」
2010　日本建築学会教育賞「スタジオ教育を核とする高度専門家養成プログラム」
2011　第56回神奈川建築コンクール優秀賞「MINA GARDEN十日市場」

著作

『assemblage 集積の方法』光画コミュニケーションプロダクツ、2004
『まちづくり101の提案カード』編集:横濱まちづくり倶楽部、光画コミュニケーションプロダクツ、2005
『建築をつくることは未来をつくることである』共著:山本理顕・北山恒・西沢立衛、TOTO出版、2007

展覧会

巡回展「assemblage 集積の方法」
　La Galerie D'architecture（フランス、パリ）、2004
　CAUE du Bas-Rhin（フランス、ストラスブール）、2005
　Faculdade de Arquitectura da Universidade do Porto（ポルトガル、ポルト）、2005
　太郎吉蔵（北海道滝川市）、2005
「日本の現代住宅1985-2005」ギャラリー・間（東京都港区）、2005
「パラレル・ニッポン　現代日本住宅展1996-2000」東京都写真美術館（東京都目黒区）、2006
「まちのみらいと建築家の仕事」BankART studio 1929（神奈川県横浜市）、2006
「assemblage10+1 飯田善彦 + ias展」Abbye-aux-Dames Exhibition Space（フランス、カーン）、2008
「mina garden」上海デザインビエンナーレ上海展覧中心（中国、上海）、2012

磯 達雄｜Tatsuo Iso
建築ジャーナリスト。桑沢デザイン研究所、武蔵野美術大学非常勤講師。1963年生まれ。88年、名古屋大学工学部建築学科卒業。同年『日経アーキテクチュア』編集部に勤務。2000年に独立。02年から編集事務所フリックスタジオを共同主宰。共著書に『昭和モダン建築巡礼』『ぼくらが夢見た未来都市』『菊竹清訓巡礼』など。本書では飯田善彦への4回のインタビューを行った。

そこでしかできない建築を考える｜ダイアローグ
飯田善彦

2014年10月31日　初版第1刷発行

発行者
高木伸哉

発行所
株式会社フリックスタジオ
〒106-0044 東京都港区東麻布2-28-6
電話:03-6229-1501　Fax:03-6229-1502

編集
株式会社フリックスタジオ
(磯達雄＋高木伸哉＋田畑実希子)

編集協力
株式会社飯田善彦建築工房(横溝惇)

デザイン
株式会社ラボラトリーズ(加藤賢策)

翻訳
ピーター・ボロンスキー

印刷・製本
藤原印刷株式会社

Thinking of an Architecture for Nowhere but Here: Dialogue
Yoshihiko Iida

Date of Publication　October 31, 2014

Published by
flick studio Co., Ltd./Shinya Takagi
2-28-6 Higashi-azabu, Minato-ku, Tokyo
106-0044
Phone: +81-(0)3-6229-1501
Fax: +81-(0)3-6229-1502

Edited by
flick studio Co., Ltd.
(Tatsuo Iso, Shinya Takagi, Mikiko Tabata)

Editorial Support by
IIDA ARCHISHIP STUDIO Inc. (Atsushi Yokomizo)

Designed by
LABORATORIES Co., Ltd. (Kensaku Kato)

Translated by
Peter Boronski

Printed by
Fujiwara Printing Co., Ltd.

クレジット

図面提供
新建築社｜p.019
谷口建築設計研究所｜p.021、023

写真
阿野太一｜p.054、055、080
新建築社写真部｜p.022
鈴木研一｜p.082、101右
石黒守｜p.043、052
田中宏明｜p.033、034
藤塚光政｜p.088、092

特記以外は、飯田善彦建築工房より提供。

Credits

Drawings
Shinkenchiku-sha｜p.019
Taniguchi and Associates｜pp.021, 023

Photos
Daici Ano｜pp.054, 055, 080
Shinkenchiku-sha｜p.022
Ken'ichi Suzuki｜pp.082, 101 right
Mamoru Ishiguro｜pp.043, 052
Hiroaki Tanaka｜pp.033, 034
Mitsumasa Fujitsuka｜pp.088, 092

Unless otherwise mentioned, all graphic media by IIDA ARCHISHIP STUDIO.

ISBN 978-4-904894-21-7